Osttirol Nord

Helmut Dumler

Osttirol Nord

Matrei, Kals, Virgen- und Defereggental

50 ausgewählte Wanderungen im Osttiroler Teil
des Nationalparks Hohe Tauern

Mit 58 Farbfotos,
50 Wanderkärtchen im Maßstab 1:50.000 und 1:75.000 sowie
2 Übersichtskarten im Maßstab 1:250.000 und 1:500.000

BERGVERLAG ROTHER GMBH · MÜNCHEN

Umschlagbild:
Virgental: Blick von Zedlach auf Rötspitze (links) und Malhamspitzen (rechts).

Bild gegenüber dem Titel (Seite 2):
Ausblick von der Ochsenlacke zur Roten Spitze der Deferegger Alpen.

Fotos: Josef Bauer: S. 32; DAV Sektion Oberland: S. 36, 121;
Gerhard Hirtlreiter: Umschlagbild vorne, S. 22, 31, 38, 64, 79, 82, 84, 98,
99, 106, 108, 110, 123 oben; Joachim Hütten: 59; Friedl Kratzer: 84;
Ilse Raneburger: S. 122/123; Nationalpark Hohe Tauern, Tirol: 68 (Gruber),
101 (Kurzthaler); Hansjörg Wurzacher: S. 87; Graphik Zlöbl: S. 54;
alle anderen Fotos von Helmut Dumler.

Kartografie: alle Wander- und Übersichtskärtchen © Freytag & Berndt, Wien.

6. Auflage 2007
© Bergverlag Rother GmbH, München

ISBN 978-3-7633-4099-6

ROTHER WANDERFÜHRER

Achensee · Algarve · Allgäu 1, 2, 3, 4 · Altmühltal · Andalusien Süd · Aostatal · Appenzell · Arlberg · Außerfern · Auvergne · Azoren · Bayerischer Wald · Berchtesgaden · Bergisches Land · Berner Oberland Ost, West · Bodensee · Böhmerwald · Bozen · Brandnertal · Bregenzerwald · Bretagne · Chalkidiki · Chiemgau · Chur · Cinque Terre · Comer See · Cornwall-Devon · Costa Blanca · Costa Brava · Costa Daurada · Côte d'Azur · Dachstein-Tauern · Dauphiné Ost, West · Davos · Dolomiten 1, 2, 3, 4, 5, 6 · Eifel · Elba · Elbsandstein · Elsass · Ober-, Unterengadin · Erzgebirge · Fichtelgebirge · Fränkische Schweiz · Fuerteventura · Gardaseeberge · Gasteinertal · Genfer See · Gesäuse · Glarnerland · Glockner-Region · La Gomera · Gran Canaria · Grazer Hausberge · Gruyère-Diablerets · Hamburg · Harz · Hawaii · El Hierro · Hochkönig · Hochschwab · Hunsrück · Ibiza · Innsbruck · Irland · Isarwinkel · Island · Istrien · Spanischer Jakobsweg · Julische Alpen · Jura · Kaiser · Kapverden · Kärnten · Karwendel · Kaunertal · Kitzbüheler Alpen · Korsika · Kraichgau · Kreta Ost, West · Lago Maggiore · Languedoc-Roussillon · Lanzarote · Lappland · Lungau · Madeira · Mallorca · Meran · Montafon · Mont Blanc · Mühlviertel · München · Golf von Neapel · Neuseeland · Neusiedler See · Nockberge · Norische Region · Norwegen Süd · Odenwald · Ossola-Täler · Osttirol Nord, Süd · Ötscher · Ötztal · La Palma · Pfälzerwald · Pinzgau · Pitztal · Pongau · Provence · Pyrenäen 1, 2, 3, 4 · La Réunion · Rheinhessen · Rhodos · Rhön · Riesengebirge · Rom-Latium · Rügen · Salzburg · Salzkammergut · Samos · Sardinien · Sauerland · Savoyen · Schottland · Schwäbische Alb Ost, West · Schwarzwald Nord, Süd · Schweden Süd und Mitte · Seealpen · Seefeld · Sizilien · Spessart · Steigerwald · Steirisches Thermenland · Steirisches Weinland · Sterzing · Stubai · Surselva · Tannheimer Tal · Hohe Tatra · Hohe Tauern Nord · Tauferer Ahrntal · Taunus · Tegernsee · Teneriffa · Tessin · Teutoburger Wald · Thüringer Wald · Toskana Nord · Überetsch · Umbrien · Vanoise · Via de la Plata · Vierwaldstätter See · Vinschgau · Vogesen · Vorarlberg · Wachau · Ober-, Unterwallis · Weinviertel · Weserbergland · Wien · Wiener Hausberge · Zillertal · Zirbitzkogel-Grebenzen · Zugspitze · Zürichsee · Zypern

Wir freuen uns über jeden Korrekturhinweis zu diesem Wanderführer!

BERGVERLAG ROTHER · München
D-85521 Ottobrunn · Haidgraben 3 · Tel. (089) 608669-0
Internet www.rother.de · **E-Mail** leserzuschrift@rother.de

Vorwort

An den Südflanken der höchsten Alpenkette Österreichs, den Hohen Tauern, breitet sich auf einer Fläche von 2020 km² das »Sonnenland« Osttirol aus. Dort leben rund 50 000 Menschen. Ungefähr die Hälfte der Region liegt in über 2000 m Höhe, teilweise überragt von gigantischen Gebirgsszenerien mit mehr als 170 selbstständigen Dreitausendern.

Infolge der geografischen Situation sind die Niederschläge verhältnismäßig gering und meist nur von kurzer Dauer, das Klima ist für alpine Regionen mild. Derartige Voraussetzungen machen Osttirol für Wanderer interessant. Hinzu kommt, dass insbesondere im Norden die Täler weit gehend ursprünglich belassen wurden, ganz dem zunehmend gewünschten »Sanften Tourismus« entsprechend. Bestimmend hierfür ist zweifellos die Existenz des Nationalparks Hohe Tauern (1819 km²), des größten seiner Art in Mitteleuropa. In Osttirol bilden 350 km² die Kern- und 260 km² die Außenzone.

Verkehrstechnisch ist das Bundesland Osttirol bestens erschlossen. Der 5,2 km lange, mautpflichtige Felbertauerntunnel verkürzt seit 1967 die Anfahrt aus dem Norden (von München über Kufstein 180 km). Die Stallersattel-Straße stellt eine direkte Verbindung zwischen dem Defereggental und dem Antholzer Tal und damit auch dem Südtiroler bzw. italienischen Pustertal dar. Des Weiteren sind aus Italien auch Anreisewege durch das Drautal, über den Plöcken- und den Naßfeldpass sowie von Slowenien über den Wurzenpass möglich.

Die hier ausgewählten 50 Touren vermitteln einen repräsentativen Querschnitt durch die Tauern Osttirols bzw. den damit verbundenen Teil des Nationalparks Hohe Tauern, aus den Tälern zu Höhen und Gipfeln bis hin zum ewigen Eis.

Augsburg, im Frühjahr 2007   Helmut Dumler

Inhaltsverzeichnis

Touristische Hinweise

Zum Gebrauch des Führers

Das Inhaltsverzeichnis erklärt Aufbau sowie Gliederung des Büchleins und gibt in Stichworten die beschriebenen Wanderungen. Beim jeweiligen Tourenvorschlag findet man aufschlussreiche Informationen; der »Kopf« bildet sozusagen einen Steckbrief inklusive den wichtigsten Gegebenheiten. Es folgt die Wegebeschreibung, die durch eine mehrfarbige Wanderkarte mit eingezeichnetem Routenverlauf sowie durch Farbfoto(s) illustriert wird. Das Stichwortverzeichnis am Ende beinhaltet alle wichtigen geografischen Punkte der vorgestellten Wanderungen. Auf dem Umschlag und den Seiten 16/17 zeigen Übersichtskarten die Lage der 50 Wanderungen.

Anforderungen

Die Wanderungen verlaufen vorwiegend auf in Stand gehaltenen, markierten Steigen und Wegen. Dies darf aber nicht darüber hinwegtäuschen, dass manche Passagen Trittsicherheit und Schwindelfreiheit erfordern. Außerdem können unter Umständen die Touren im Frühsommer und nach längeren Schlechtwetterperioden erhöhte Anforderungen aufweisen. Um die jeweiligen Gegebenheiten besser einschätzen zu können, wurden die Nummern der einzelnen Tourenvorschläge mit verschiedenen Farben bewertet, die sich wie folgt erklären (analog der gelben Wegetafeln an Ort und Stelle , wo allerdings seit 2000 das »Blau« vom »Gelb« abgelöst wird):

BLAU

Wege, die deutlich und lückenlos markiert, ausreichend breit und nur mäßig steil sind; daher auch bei schlechtem Wetter relativ gefahrlos zu erwandern. Solche Wege können auch von Kindern und älteren Leuten problemlos begangen werden.

ROT

Ebenfalls ausreichend markiert, aber überwiegend schmal und über kurze Abschnitte bereits etwas ausgesetzt. Passagen dieser Steige können auch mit Drahtseilen etc. abgesichert sein. Nur für Trittsichere und Schwindelfreie!

SCHWARZ

Zweckmäßig markiert, aber schmal, steinig und über längere Strecken steil. Stellenweise ausgesetzt, manchmal wird die Zuhilfenahme der Hände notwendig. Diese Routen sollten nur von absolut trittsicheren, konditionsstarken und alpin Erfahrenen angegangen werden.

Alpiner Wetterdienst

ÖAV-Beratung, Mo–Sa 13–18 Uhr, Tel. 05 12/29 16 00.
Tourismusbüros vor Ort.

Auskünfte

Informationen allgemeiner Art – Hotels, Pensionen, Ferienwohnungen – sowie Wetterlage, Schneelage, Hüttentaxis, Seilbahnen etc. vermitteln die Büros der örtlichen und regionalen Tourismusverbände (siehe Kasten).
Außerdem interessant sind das donnerstags erscheinende Wochenblatt »Osttiroler Bote« und Radio Osttirol auf 100.0 MHz.

Camping

Matrei: Edengarten, Edenweg, Tel. + Fax 0 48 75/51 11.
Prägraten: Replerhof, Tel. 0 48 77/63 45, Fax 54 77.
Prägraten-Hinterbichl: Bergkristall, Tel. 0 48 77/52 23, Fax 52 23-4.
Virgen-Niedermauern: Habererhof, Tel. 0 48 74/52 61, Fax 52 61-18.

Gefahren

Obwohl es sich bei den Touren überwiegend um markierte, beschilderte Wege, Pfade und Steige handelt, ist besonders an Hängen, in Tobeln, Karen und Schluchten stets Vorsicht geboten, naturgemäß im frühen Sommer, wenn in Hochlagen oder Schattseiten noch Altschnee lagert. Bei Nässe erweisen sich sogar ansonsten harmlose Unternehmungen vielfach als gefährlich.
Für das Gelingen einer Bergtour ist gutes Wetter eine Grundvoraussetzung. Im Tal oder auf den Hütten wird das jeweilige Tourenziel sowie die voraussichtliche Dauer der Wanderung hinterlassen. Dort erfährt man auch die aktuellen Verhältnisse am Berg.

AUSKÜNFTE

Tourismusverband Oberes Iseltal,
Rauterplatz 1,
A-9971 Matrei/Osttirol.
✆ 0 48 75/65 27.
E-Mail: matrei.osttirol@netway.at

Tourismusverband Virgen,
A-9972 Virgen 35. ✆ 048 74/52 10.
E-Mail: tvb.virgen@netway.at

Urlaubsregion Defereggental,
A-9963 St. Jakob.
✆ 048 73 oder 63 600.
E-Mail: stjakob@hohetauern-osttirol.at

Osttirol Werbung,
A.-Egger-Str. 17,
A-9900 Lienz,

✆ 0 48 52/6 53 33.
E-Mail: info@osttirol.com

Felbertauernstraße-Hotline (0–24 Uhr),
✆ 048 75/88 06.

Postbus: Lienz Mo–Fr 8–12 Uhr,
14–16 Uhr, ✆ 048 52/6 49 44.

Nationalparkhaus,
Kirchplatz 2, A-9971 Matrei.
✆ & Fax 0 48 75/51 61.
E-Mail: npht@tirol.gv.at oder
nationalparkservice.tirol@hohetauern.at

Nützliche Web-Links zu allen Auskunftsstellen finden Sie auf der Internet-Seite des Bergverlags Rother:
www.rother.de

Gehzeiten

Zeitangaben verstehen sich ohne Pausen oder sonstige Aufenthalte und sind auf den durchschnittlichen Wanderer abgestimmt, aufgeschlüsselt in einzelne Wegstrecken und Gesamtzeiten.

Höhenunterschiede

Die Höhenunterschiede betreffen die im Anstieg zu bewältigenden Höhenmeter inklusive eventueller Gegensteigungen.

Karten

Neben den integrierten Wanderkärtchen wird der Wanderer Gewinn daraus ziehen, zusätzlich eine Wanderkarte von Freytag & Berndt im Maßstab 1:50.000 (Blatt 121, 123, 181) bzw. die Alpenvereinskarten im Maßstab 1:25.000 (Blatt 36, 39, 41) mitzuführen.

Notfälle

Alle wichtigen Einrichtungen (Notarztdienst, Zahnärztlicher Notdienst, Tierärztlicher Sonntagsdienst, Apothekerdienst etc.) bzw. ihre Telefonnummern veröffentlicht die wöchentlich am Donnerstag erscheinende Zeitung »Osttiroler Bote«.

Notrufe

Bergrettung: 140
Notarzthubschrauber: 144
Notruf per Mobiltelefon: 112 (auch ohne SIM-Karte).
Pannenhilfe: 120 (ÖAMTC) oder 123 (ARBÖ)
Gendarmerie: 133

Osttirol Card

Gästekarte für 8 Tage, »all inclusive« (u. a. Seilbahnen), für 35 Euro (2007), Kinder bis 6 Jahre frei, 6–14 Jahre 16,50 Euro. Infos über Osttirol Werbung (siehe gelber Kasten auf Seite 9.)

Schutzhütten, Berggasthöfe

Unter »Einkehrmöglichkeiten« findet man alle an der Wanderroute liegenden Gasthöfe, Almen, Stützpunkte und Unterkünfte mit den ungefähren Bewirtschaftungszeiten sowie den zur Verfügung stehenden Winterräumen (für Selbstversorger) außerhalb der Saison.

Telefon

Aus dem Ausland: 00 43, dann Ortsvorwahl ohne 0. Öffentliche Telefonzellen nehmen Münzen und Wertkarten (erhältlich in Postämtern und Tabak-Trafiken).

Talorte und Sehenswürdigkeiten

Defereggental
Längstes Hochtal Osttirols; mehr als 250 km markierte Wanderwege. Bedeutendster Ort St. Jakob, eingebettet zwischen Defereggengebirge und Lasörlinggruppe. Abgesehen von prähistorischer menschlicher Anwesenheit erfolgte die Besiedelung Ende des 1. Jahrtausends durch bajuwarische Sippen über den Staller Sattel. Bergbaublüte – Kupfer, Eisen, Blei – zwischen 1500 und 1684, als die protestantischen Knappen durch den Salzburger Erzbischof, Paris Graf von Lodron, vertrieben bzw. Familien auseinander gerissen wurden: Kinder unter 15 Jahren mussten ohne Eltern bleiben! Dieser Niedergang zwang die unbehelligten Deferegger zu anderen Einkommensquellen. Ein Teil der »Mander« handelte zu Fuß als Hausierer mit Teppichen, Wetzsteinen, Sensen, Tabakwaren, Uhren usw. Mitte des 19. Jh. florierte im Tal die Hüteherstellung. Wohlstand stellte sich erst mit den 50er Jahren des 20. Jh. bzw. dem erwachenden Fremdenverkehr ein. »Dö verreggen« als Namensbaum von Defereggen zu verstehen, bezogen auf die frühere Not, ist falsch.

Haslacher Schleierwasserfall
Der rund 100 m hohe Wasserfall, ein deklariertes Naturdenkmal, befindet sich (Park- und Rastplatz, Info-Tafel zum Thema »Überlebensraum Wasserfall«, im Sommer Kiosk) rechts an der Straße von Huben/Iseltal, ungefähr 5 km vor Kals.

Kals am Großglockner
Genau genommen gibt es keine Ortschaft namens Kals, wohl eine Gemeinde Kals, in welcher rund 1300 Menschen leben. Sie besteht aus mehr als einem halben Dutzend Ortsteilen, darunter Ködnitz. Ködnitz wird – Gemeindesitz, Verkehrsamt – üblicherweise als Kals betrachtet und bezeichnet. Erstmals 1251 urkundlich erwähnt als »Chalz«. 1927 Eröffnung der Straße von Huben/Iseltal. 1980 wurde die mautpflichtige (2007: 8 Euro), bis 10 Prozent steile Kalser Glocknerstraße zum Lucknerhaus dem Verkehr übergeben. Gotische Pfarrkirche St. Rupert, Mitte des 18. Jh. barockisiert. Vorne links im Obergeschoss die vom Schiff aus teilweise einzusehende, um 1500 freskierte, mit einem Netzrippengewölbe ausgestattete Sebastiankapelle; Zugang aus dem Chorraum meist verschlossen. Das Deckengemälde (150 m²) schuf 1960 Wolfram Köberl, wohl seine beste Arbeit in Osttirol. In der Nordostecke des Friedhofs ist die Gedenkstätte aller von Kals ausgegangenen, am Großglockner tödlich Verunglückten, deren Namen in Kupfertafeln eingraviert sind. Glocknerhaus (Tourismusverband): Ausstellung »Im Banne des Großglockners«. Computerinformationssystem; Mo–Fr 9–12 Uhr, 15–18 Uhr. Heimatmuseum, Fr 15–17 Uhr. St. Georg, ursprüng-

lich spätromanisch und Wehrkirche, eigenwillig in freier Wiesenflur stehend, an der Straße nach Großdorf. Das barocke Altarbild zeigt St. Georg als Drachentöter, ebenso das gotische Holzrelief (um 1500) an der Südwand. Am Dorferbach ab der Gratzbrücke bei Großdorf talein mahlen jeden Donnerstagnachmittag von Juni bis Ende September die teilweise aus dem 12. Jh. stammenden Stockmühlen.

Matrei

Europagemeinde, mit 278 km² flächig die zweitgrößte Gemeinde des österreichischen Gesamttirols (nach Sölden), überdies zweitwichtigster Ort Osttirols (nach Lienz); 4900 Einwohner. Schon in vorchristlicher Zeit besiedelt, erstmals erwähnt 1161, als »Konrad de Matrai« auf der Burg (Weißenstein) genannt wurde. Der spätere, bis ins 19. Jh. offizielle Name Windisch-Matrei bezog sich nicht auf windische (slawische) Bevölkerung, sondern auf die damalige Zugehörigkeit zum windischen Erzherzogtum Kärnten; um 1200 zum Erzbistum Salzburg. Ab 1280 Marktrechte. Barocke Pfarrkirche St. Alban, genannt »Matreier Dom«, größte Landkirche Tirols, erbaut 1776–84 nach Plänen des Salzburger Hofarchitekten Wolfgang Hagenauer, 68 m hoher gotischer Turm, prächtige Deckengemälde (1783) von Franz-Anton Zeiller aus Reutte. Monumentaler Barockaltar, Bild der »Heiligen Familie mit Hirten«. Freiheitsdenkmal. Heimatmuseum. Großzügig gestaltetes und eingerichtetes Nationalparkhaus (Multimedia-Ausstellung), geöffnet Juli bis September Mo–Sa 10–18 Uhr, bis Ende Oktober Mo–Fr 10–12 Uhr, 14–18 Uhr. In der Fraktion Bichl am Hanserhof (Nr. 5) der »Römerstein«, ein römischer Grabstein für Senator Popäius, gefunden 1932 beim Pflügen hinter dem Hanserhof.

Defereggental mit Prägraten im Nationalpark Hohe Tauern.

Im obersten Tauerntal, hinter dem Innergschlöß, mit der Schwarzen Wand (rechts).

Nationalpark Hohe Tauern

1971 vereinbarten die Landeshauptleute von Kärnten, Salzburg und Tirol die Schaffung des Nationalparks Hohe Tauern. 1981 verwirklichte Kärnten als erstes Bundesland seinen Anteil im Bereich der Glockner- und Schobergruppe. 1984 wurden im Bundesland Salzburg Teile des Pinzgaus zum Nationalpark deklariert. 1991 erfolgte die Beschlussfassung des Tiroler Nationalparkgesetzes. Damit wurde 1992 in Osttirol ein Gebiet von 610 km^2 unter besonderen Schutz gestellt. Mit einer Fläche von insgesamt 1787 km^2 konnte der größte Nationalpark Mitteleuropas und der gesamten Alpen geschaffen werden. 2001 Vergrößerung um 32,24 km^2 im Kärtner Anteil (Gemeinde Großkirchheim) durch die beiden Zirknitztäler (Sonnblickgruppe). Im Nationalpark brüten rund 40 Steinadler-Paare. Info siehe gelber Kasten Seite 9. Nationalparkhaus siehe Matrei.

Prägraten

Im Gemeindegebiet von Prägraten, im Dorfertal südl. des Großvenedigers, wird von der Firma Lauster (siehe Tour 1) Serpentin – im Volksmund »Tauerngrün« – abgebaut. Dieses rund 30 Mio. Jahre alte Gestein variiert farblich von dunkelgrün bis gelbgrün mit hellen bis reinweißen Einschlüssen. Serpentin-Ausgangsmaterial waren Peridotite, welche im Erdmantel in einer Tiefe von 50 bis 600 km auftreten. Serpentin wird seit rund 3000 Jahren als Schmuck- und Dekorstein verwendet; in der Jungsteinzeit für Steinbeile und Lochäxte, allerdings nicht im Abbau, sondern durch Klaubsteine aus Bächen und Flüssen. Die um Prägraten an acht Stellen neben Wanderwegen positionierten Skulpturen entstanden 1999 innerhalb von fünf Wochen anlässlich eines Steinbildhauer-Symposiums durch acht Künstler aus fünf Ländern, u. a. aus Japan.

St. Nikolaus

Südwestl. von Matrei, auf der Schattseite, weithin sichtbar oberhalb der Fraktion Glanz in 1035 m. Anfahrt ab Matrei über Bichl, von dort beschildert und schmal zum Parkplatz wenige Minuten vor der Kirche. Doppelgeschossiges, ursprünglich romanisches, für Österreich einzigartiges Gotteshaus, eine der wenigen Chorturmkirchen Tirols. Berühmter Freskenschmuck, besonders im Oberchor (Georgskapelle). Die Malereien stammen von einem durch die Ostkirche bzw. Byzanz beeinflussten Meister der paduanischen Schule, den der Salzburger Erzbischof Wladislaw (1265–70), Herzog von Schlesien, berief. Restaurierung 2000 nach siebenjähriger, von der Messerschmitt-Stiftung finanzierten Arbeit abgeschlossen durch den aus dem Raum Gardasee stammenden, in Innsbruck lebenden Spezialisten Egidio Ita. Schrifttum in der Kirche. Schlüssel im benachbarten Bauernhof.

Themenwege

Natur- und Kulturlehrwege im Nationalparkgebiet: »Glocknerspur Berge-Denken« (Tour 9), »Leben am Steilhang« (Tour 14), »Wassererlebnisweg St. Jakob« (Tour 16), »Blumenlehrweg Oberseite« (Tour 19), »Oberhauser Zirbenwald« (Tour 20), »Zedlacher Paradies« (Tour 27), »Blumenweg Sajatmähder« (Tour 34), »Wasserschaupfad Umbalfälle« (Tour 40), »Gletscherweg Innergschlöß« (Tour 49), Natur-Erlebnispfad für Kinder und ihre Eltern von Kals nach Großdorf. Bei Hopfgarten »Wasserwander-Weg« (2 km, Beginn am Kulturhaus) und »Im Reich des Apollo« (Schmetterling). »Flurgehölzwanderweg« Virgen (3 km); parallel dazu verläuft der »Weg der Sinne« (siehe Virgen). Info-Faltblätter bei den Tourismusämtern.

Virgen

Haufendorf am Nationalpark Hohe Tauern bzw. Hauptort des gleichnamigen Tals, für das Ein- und Paarhöfe typisch sind. 1183 erscheint ein »Rudolfus de Virge«, Herr der Burg Rabenstein, seinerzeit Besitz des Erzstifts Salzburg. Pfarrkirche St. Virgil, ursprünglich romanisch, 1516 gotisch errichtet, 1784 erweitert, klassizistischer Hochaltar; im linken Seitenaltar eine Virgen-Vedute von 1835; das berühmte Fastentuch (1598) mit 42 biblischen Darstellungen hütet das Schlossmuseum Bruck/Lienz. Vor der Kirche bzw. dem Mesnerhof das Denkmal für Gefallene der Franzosenkriege 1809/10. Einmalig: »Weg der Sinne«, ein 2½ km langer Rundweg durch die Virgener Feldflur mit Leiteinrichtungen für Blinde und hochgradig Sehbehinderte, für die auf Anfrage geschulte Personen als Führer zur Verfügung stehen. Info-Stelle des Nationalparks und Tourismusbüro, Mo–Fr 9–12 Uhr, 15–18 Uhr. Virgental-Tonbildschau. Computerinformationssystem und Souvenir-Verkauf. In die Fraktion Obermauern ziehen am Tag vor dem Weißen Sonntag althergebracht Prozessionen mit einem geschmückten Widder, den einmal Virgen, einmal Prägraten stellt, zur Wallfahrtskirche Unsere Liebe Frau im Schnee. Das Tier wird nach der Messe dreimal um den Altar geführt – symbolisches Widderopfer – und anderntags vom Mesner öffentlich versteigert (Erlös für die Kirche).

St. Nikolaus, ein kunsthistorisches Kleinod über dem vordersten Virgental.

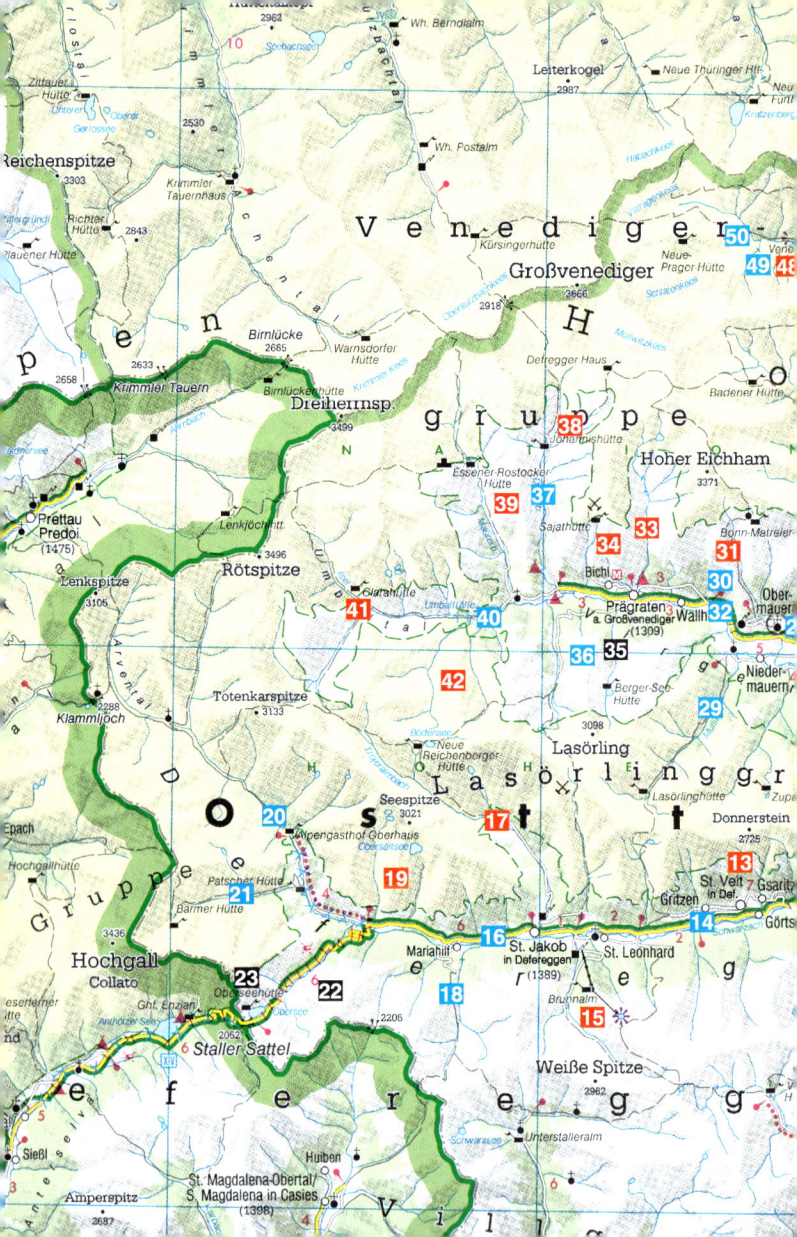

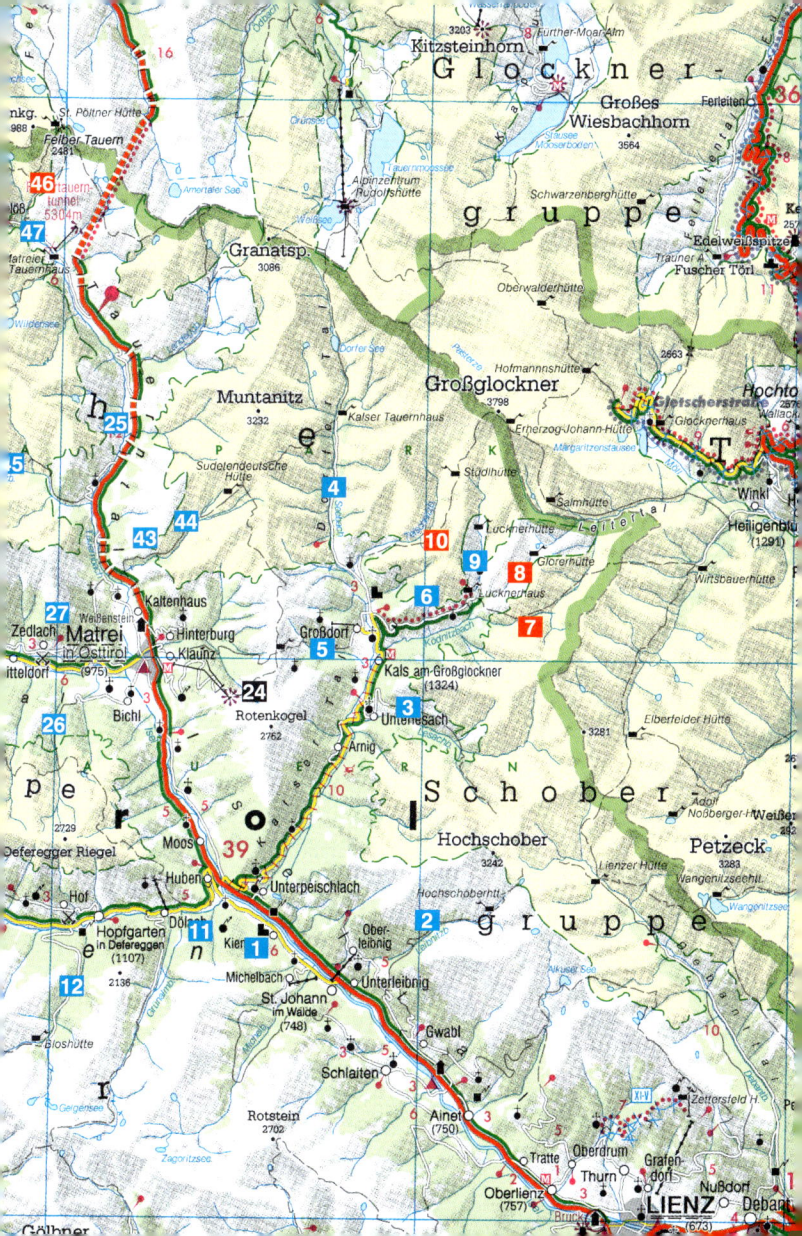

1 An der Isel

Kunstwerke aus Serpentingestein

St. Johann im Walde – Iselufer – Huben – Iselufer – St. Johann im Walde

Ausgangspunkt: St. Johann im Walde, 748 m, im Tal der Isel an der Bundesstraße 108 zwischen Lienz (14 km, nächster Bahnhof) und Matrei (15 km); Postbusse.
Parkmöglichkeit: An der Westseite der Iselbrücke, vor der Seilbahn-Talstation.
Gehzeiten: St. Johann im Walde – Huben 1½ Std., Huben – St. Johann im Walde ca. 1¾ Std. Gesamtzeit ca. 3¼ Std.
Höhenunterschied: 80 m.
Höchster Punkt: Huben, 819 m.
Anforderungen: Beschilderter, ebener Talspazierweg beiderseits der Isel.
Einkehrmöglichkeiten: Huben. In St. Johann jenseits der Iselbrücke, neben dem Spar-Geschäft die Lippesstube (Mo geschlossen). Diesseits: Gasthaus Moar im Wald.
Sehenswertes: In St. Johann im Walde die ursprünglich gotische, 1503 geweihte Pfarrkirche Johannes der Täufer, nicht geostet, 1965 durch das Isel-Hochwasser teilweise zerstört, neuer, gelungener Nordanbau, in einem Glasschrein makabere Darstellung von Fegefeuer und Höl-

Die Ruine der mittelalterlichen Kienburg im Tal der Isel.

le, im Sterngewölbe des alten Chors gotische Fresken; in Huben die Herz-Jesu-Kaplaneikirche (1925–29).

Auf dieser Talwanderung entdecken wir am orografisch rechten Iselufer interessante Skulpturen eines während der 1990er Jahre vom Natursteinwerk Lauster veranstalteten internationalen Steinbildhauer-Symposiums.
An der Iselbrücke, 748 m, in **St. Johann im Walde** vom Felsblock am **Iselufer** entlang auf breitem Weg. Nach ¼ Std. (3 Skulpturen, Rastbank) führt rechts ein Holzsteg über den gestauten Michelbach, einem reizvollen Plätzchen. Wir gehen halb links weiter und betreten wenig später links haltend die Kienburger Landstraße. Rechts über den Michelbach und wieder rechts an das Ufer der Isel (links das Ausstellungsareal des nahen Lauster Natursteinwerks); von St. Johann ½ Std. Eine Holztafel erklärt den Weiterweg in Richtung Huben. Nach ca. 20 Min. sieht man links die Ruine der 1187 erstmals erwähnten Kienburg, die nach einem Brand 1579 dem Verfall preisgegeben wurde und heute nicht mehr zugänglich ist; zu ihren Füßen das Heubad Kienburg. Etwas später folgen links die Pumpstation Kienburg und die Transalpine Ölleitung. Unmittelbar vor der Schwarzachbrücke erinnert ne-

ben dem aus einem Fels geschlagenen Nepomuk-Bildstock der 1995 errichtete Stein an die damals 30 Jahre zurückliegende Hochwasserkatastrophe. Wir gehen rechts über die Brücke und verlassen die Straße nach rechts, den Zwiebelturm von Huben im Visier, zum Café Landerl in Huben am Ausgang des Defereggentals. Kurz links, dann rechts zur Kirche ins Zentrum von **Huben** (Postbushaltestelle, Gasthof Post, Tourismusbüro). Zurück zum Café Landerl, auf der Talstraße über die Iselbrücke und rechts noch ca. 100 m neben der Straße her. Nach Haus Nr. 22 rechts ab und gleich wieder links halten. Wenig später wieder zur Bundesstraße (jenseits Park- und Rastplatz), rechts über die Brücke und nochmals rechts ab. Über den Kinderspiel- und den Parkplatz. Vorbei an der weiß-roten Sperrsäule, einen Parkplatz passierend, zum **Iselufer**. Ca. 1¼ Std. nach Huben wendet man sich vom Fluss ab und quert die Bundesstraße. Vor dem Haus Nr. 57 rechts zur Iselbrücke und nach **St. Johann im Walde**.

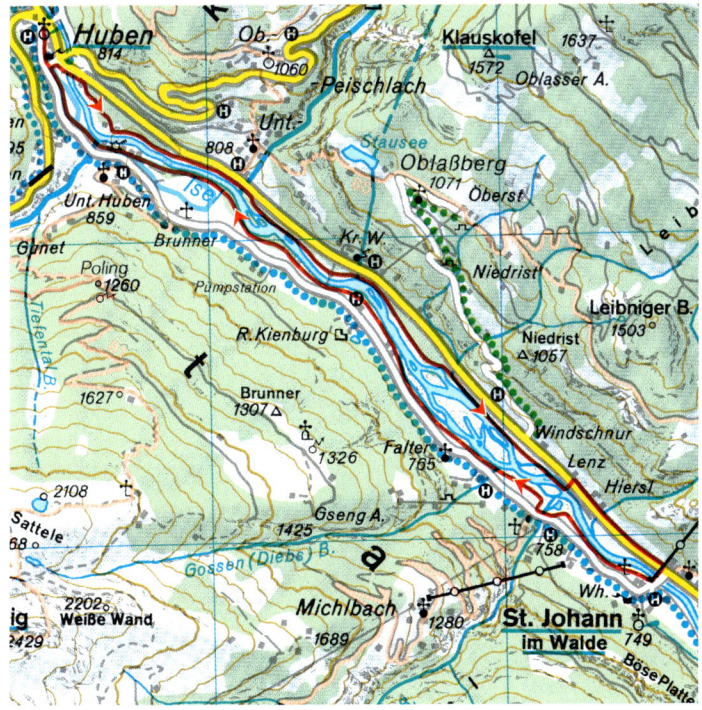

2 Hochschoberhütte, 2322 m

Im Angesicht des Hochschobers

Oberleibnig – Eduard-Jordan-Weg – Hochschoberhütte

Ausgangspunkt und Parkmöglichkeit: Oberleibnig, 1243 m, Bergweiler an den sonnenverwöhnten Südwesthängen der Schobergruppe, Teil von St. Johann im Walde. Seit 1975 asphaltiertes Zufahrtssträßchen (7 km) ab nordwestl. Ortsrand von Ainet/Iseltal (8 km von Lienz) über Gwabl; Hinweistafel. Parken bei der Jausenstation Mühlburger; schräg gegenüber ein Brunnentrog.

Gehzeiten: Oberleibnig – Leibnitzbachbrücke 1¼ Std., Leibnitzbachbrücke – Hochschoberhütte 1¾ Std., Hochschoberhütte – Oberleibnig ca. 2¼ Std. Gesamtzeit ca. 5¼ Std. Kürzer: Ca. 1 km vor Oberleibnig rechts auf beschilderter Asphaltstraße über Unter- und Oberfercher 4½ km zur Schranke bei 1640 m bzw. Parkplatz vor der Leibnitzbrücke. Von dort 2 Std. zur Hütte (siehe Karte).

Höhenunterschiede: 1100 Hm ab Oberleibnig, 690 Hm ab Leibnitzbrücke.

Höchster Punkt: Hochschoberhütte, 2322 m.

Anforderungen: Bis zur Hütte unschwierige Tour auf Forststräßchen und markierten, beschilderten Wegen.

Einkehrmöglichkeit: Hochschoberhütte, (ÖAV, Unterkunft, Ende Juni bis letzte Septemberwoche).

Sehenswertes: Etwas abseits, unterhalb des Weilers in traumhafter Lage, die Kapelle Maria-Schnee.

Hinweis: Nördl. der Hütte der Hochschober, 3240 m, anziehendster Gipfel der gleichnamigen Gruppe. Zum Kreuz sind es markiert für geübte Alpinisten über die Staniskarscharte und den blockbesetzten, teilweise seilgesicherten und eventuell überwechteten Westgrat 3 Std. Gedenktafel für den bayerischen Alpinautor Sepp Schnürer (1922–92).

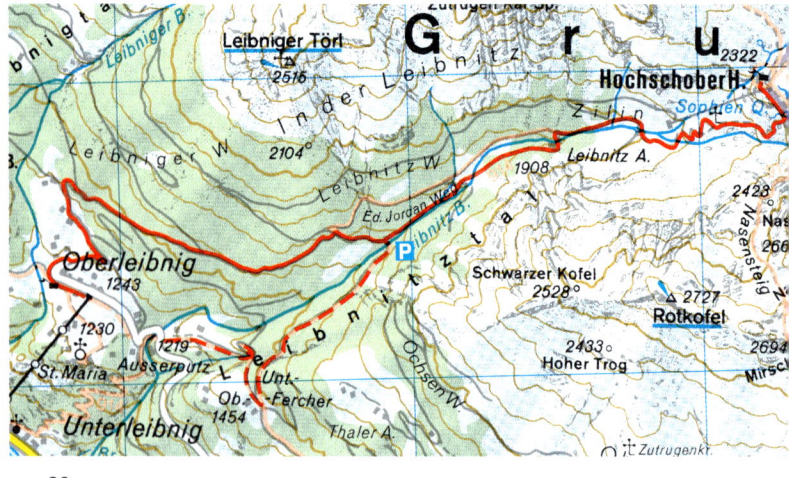

Im malerischen Weiler Oberleibnig beginnt der Anstieg zur Hochschoberhütte.

Durch die Zufahrtsmöglichkeit bis zum Parkplatz vor der Leibnitzbachbrücke hat die Besucherzahl sowohl der Hütte als auch des Hochschobergipfels erheblich zugenommen.

Ab der Jausenstation Mühlburger in **Oberleibnig** mit dem Teersträßchen ansteigen. Nach 100 m nach rechts (Markierungen) und die Forstschranke passieren; kurz darauf endet die Teerdecke. Wenig später links halten. Nach knapp 10 Min. die Rechtskurve ausgehen und ostwärts, an der Gabelung auf dem oberen Fahrweg, identisch mit einer beschilderten Mountainbike-Route weiter. Wo sich diese nach links wendet, spazieren wir rechts hinunter zur Leibnitzbachbrücke, 1640 m (unterhalb ein Parkplatz). Vor dem Bach wandert man links auf dem **Eduard-Jordan-Weg**. Ca. 20 Min. später geht es rechts über den Bach und durch ein Fichtenwäldchen zum Wiesenfleck mit der **Leibnitzalm**, 1908 m (sommers von einem Hirten bewohnt). Über den Bach und auf dem Wirtschaftsweg taleinwärts, bis dieser vor der ersten Talstufe bei einer Bachbrücke endet. Jenseits rechts (geradeaus zur Materialbahn-Talstation) wandern wir am Lärchenhang erneut zu einer Brücke, links über den Leibnitzbach und in Kehren hoch. Die mit Zirben aufgeforsteten Schafweiden ziert das Zilinkreuz (Rastplatz). Südöstl. dominiert der dunkle Fels der beiden Prijaktgipfel. Wer Glück hat, sieht einen Steinadler majestätisch seine weiten Kreise ziehen! Weiter in Kehren bis zur Sophienquelle (der Lärchenstamm dort ist rund 350 Jahre alt), wo wir die Trogstufe bewältigt haben, und kurz hinauf zur **Hochschoberhütte**. Der Rückweg erfolgt über den Anstiegsweg.

3   Lesachriegelhütte, 2134 m

Herrlicher Belvedere

Oberlesach – Lesachriegelhütte – Lesachalmhütte – Oberlesach

Talort: Lesach, 1318 m, Kalser Ortsteil, bzw. Unterlesach, 8½ km von Huben/Iseltal. Parken auf dem Dorfplatz vor Kirche und Gasthof Lesacher Hof. Postbusse.
Ausgangspunkt und Parkmöglichkeit: Bergweiler Oberlesach, 1440 m, am Ende des Teersträßchens 1½ km von Unterlesach; links gebührenpflichtiger Parkplatz für 10 Pkws. Im Sommer überfüllt! Von hier zeigt sich eindrucksvoll der Glödis, das »Matterhorn der Schobergruppe«.
Gehzeiten: Oberlesach – Lesachriegelhütte ca. 2¼ Std., Lesachriegelhütte – Lesachalmhütte ¾ Std., Lesachalmhütte – Oberlesach ¾ Std. Gesamtzeit 3¾ Std.
Höhenunterschied: 700 m.
Höchster Punkt: 2140 m, südöstl. der Lesachriegelhütte.
Anforderungen: Mark., beschilderte Wege.
Einkehrmöglichkeiten: Lesachriegelhüt-

te (2006 geschlossen, Neueröffnung möglicherweise 2008; erfragen Tel. 06 64/8 93 29 36); Lesachalmhütte (Unterkunft, Mitte Juni bis Ende September).
Sehenswertes: In Unterlesach die St.-Killian-Nepomuk-Votivkirche, erbaut 1975, weil sich die Einwohner im Schock der verheerenden Hochwasser 1965/66 den Heiligen »versprochen« hatten. Killian ist der Ortspatron, Nepomuk wird bei Hochwassern angerufen. Malerische Bauernhöfe in Unter- und Oberlesach; Heu- und Schafswolleweberei. Außerhalb (beschildertes Fahrsträßchen, kurzer Abstieg) das Schaubergwerk bzw. Knappenloch Fallwindes, wo vom 15. bis 17. Jh. Kupfer, Gold und Schwefeleisen abgebaut wurden; Schalter der Solarbeleuchtungsanlage am Stolleneingang, Aussichtskanzel in die Fallwindesschlucht.

Im Abschluss des Lesachtals fasziniert das Trapez des Glödis; rechts der Ganot.

Diese Tour führt uns zu Aussichtslogen gen Glödis und Hochschoberstock. Vom Parkplatz in **Oberlesach** wandern wir auf dem für den öffentlichen Verkehr gesperrten Forststräßchen. Es wendet sich ¼ Std. später nach rechts und schwenkt durch schattigen Wald ins Lesachtal ein. Nach ca. 20 Min., kurz nach dem Passieren der Schranke (vorher Rechtsabzweigung zum Weiler Rubisoi), links auf den Weg Nr. 61a (Holztafeln), auf dem wir, zunächst steil durch Wald, in langen Kehren 35 Min. weiterwandern. Über flachere Mähder nördl. ausholend zu einem breiten Wirtschaftsweg, der uns in gut ½ Std. zur **Lesachriegelhütte**, 2131 m, bringt. Südwestl. besticht die Glödiswand, rechts davon das Kalser Törl, vorgesetzt der massige Ganot und rechts der Hochschober mit Schoberkees. Auf dem Weg Nr. 62 ca. 250 m südostw. auf schmaler Spur in die Schönleitenspitze-Südwestflanke. Mit etlichen Serpentinen absteigend und die Traverse fortsetzend über die Wiesen der Tschamperalm und, ihre Hütten passierend, zum Scheitelpunkt, 1900 m, des von Lesach kommenden Wirtschaftswegs. Links ¼ Std. weiter, den Wildbach vom Zelocksseelein überschreitend, zur **Lesachalmhütte**, 1818 m, mit Milchprodukten aus eigenem Almbetrieb (Lesach ist slawisch und bedeutet so viel wie »Wald, Waldtal«). Durchs Tal des Lesachbachs geht unser Abstieg von der Lesachalm knapp 10 Min. hinunter zur obersten Brücke. Jenseits weiter über einen breiten Ziehweg. Auf 1540 m abermals über den Bach und vorbei am Holzlagerplatz; im weiteren Verlauf noch zweimal die Ufer wechseln. Nach der vierten Brücke, orografisch rechts des Lesachbachs (links des Bachs zum Park- und Kinderspielplatz unterhalb von Lesach), queren wir den Hang und erreichen nach 10 Min. die Straße beim Christnerhof in **Oberlesach**. Rechts zum Parkplatz.

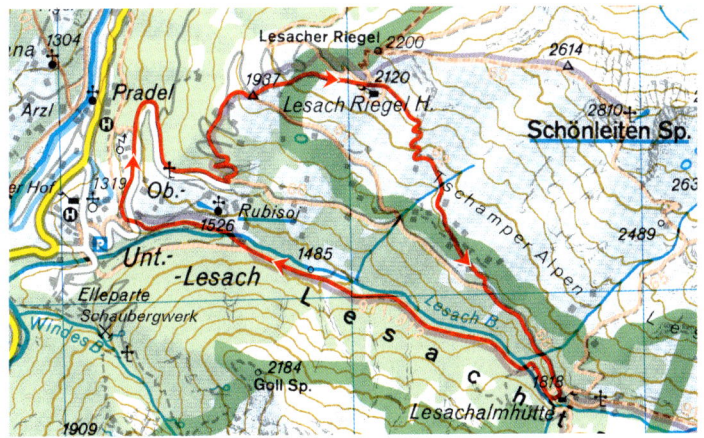

4 Kalser Tauernhaus, 1755 m

Mit der Dabaklamm ins Dorfertal

Hotel Taurerwirt – Dabaklamm – Bergeralm – Kalser Tauernhaus

Talort: Burg, 1480 m, Kalser Ortsteil (2 km); von Lienz 34 km (Bahnhof).

Ausgangspunkt und Parkmöglichkeit: Öffentlicher Parkplatz, 250 m vor dem Hotel Taurerwirt, 1521 m (Mo. Ruhetag), nördl. (1,2 km) von Burg; parken auch oberhalb an der Straße. Postbushalt beim Hotel. Kleinbus-Taxi von Kals (Tel. 0 48 76/82 47).

Gehzeiten: Hotel Taurerwirt – Bergeralm knapp 1 Std., Bergeralm – Kalser Tauernhaus ca. 1 Std., Kalser Tauernhaus – Hotel Taurerwirt 1¼ Std. Gesamtzeit ca. 3¼ Std.

Höhenunterschied: 300 m.

Höchster Punkt: Kalser Tauernhaus, 1755 m.

Anforderungen: Gut beschilderte Wege, Holzgeländer in der Dabaklamm.

Einkehrmöglichkeiten: Bergeralm (Jausenstation, Anfang Juni bis Ende September); Kalser Tauernhaus (DAV, Unterkunft, Mitte Juni bis Ende Dezember).

Sehenswertes: Almhüttenszenario im Dorfertal. Mutter-Gottes-Kapelle beim Kalser Tauernhaus.

Die Dabaklamm war einst – neben Umbaltal und Innergschlöß – für das geplante Kraftwerk Osttirol vorgesehen. 1985 wies der höchste Verwaltungsgerichtshof der Alpenrepublik das Speicherkraftwerksprojekt ab, u. a. mit der Begründung, »die in Österreich bereits installierten Reserven an Kraftwerkskapazität ... reichen derzeit voll aus«.

Vom Parkplatz zum Vier-Sterne-**Hotel Taurerwirt** und weiter auf der Brücke über die Teischnitz, den Mitterlingbach-Wasserfall im Blick. Links des für den öffentlichen Verkehr gesperrten Fahrwegs steht eine gewässerkundliche Messstelle. Der ebene Weg steigt allmählich zwischen Dorferbach und Steilhang an. Nach ¼ Std. – vor dem 300 m langen Tunnel – beginnt links beim Kreuz (Bergwacht-Spendenkästchen) ein Fußweg, der die große Faszination der eigentlichen **Dabaklamm** in der Außenzone des Nationalparks Hohe Tauern vermittelt. Wasser tropft auf die kühn angelegte, aus dem Fels gesprengte Wegtrasse, die weitgehend im Freien bleibt. Ca. eine ¾ Std. nach dem Taurerwirt öffnet sich das grüne Dorfertal; rechts mündet der Weg von der Moaralm ein. Unsere nicht zu verfehlende Route leitet links an der Moarebenalm, 1628 m, vorbei. Ca. 10 Min. später lockt jenseits des Dorferbachs die **Bergeralm**, 1637 m, mit hausgemachten Mehlspeisen. Über leichte Steigungen geht es weiter hinauf, rechts am Weg die Schönebenalm, weiter links die Tinkenebenalm. Hinter der Rumesoiebenalm, 1680 m, verlassen wir den Bach und wandern in ½ Std. zu dem aus Natursteinen gefügten, zweistöckigen **Kalser Tauernhaus**, 1755 m, erworben 1992 durch die DAV-Sektion Mönchengladbach vom Kalser Bergführerverein, der den Bau 1930 erstellt hatte.

Als eine Zugabe bietet sich der Dorfer See an. Wir wandern weiter im Tal, nun parallel zum Seebach, auf dem uralten Handelsweg über den

Durch die grandiose Dabaklamm führt die Wanderung in das Dorfertal.

Kalser Tauern. Rechts ziehen sich neben ehrwürdigen Lärchen die Hütten der Beheimebenalm hoch. Der Steig führt 5 Min. später durch das Feilmoos und leitet nach 1 Std. zum durch einen Bergsturz entstandenen, bis ca. 10 m tiefen und 500 m langen **Dorfer See**, 1935 m, der von den Eistürmen des Fruschnitz- und des Laperwitzkeeses überragt wird.

Die Rückkehr erfolgt auf dem Anstiegsweg.

5 Kals-Matreier-Törlhaus, 2207 m

Ausblick zum Großglockner

Bergrestaurant Blauspitz – Kalser Höhe – Kals-Matreier-Törlhaus – Europa-Panoramaweg – Bergrestaurant Blauspitz

Talort: Großdorf, 1364 m, in der Nachbarschaft nordwestl. von Kals. Postbusse. Parken an der Seilbahn-Talstation, im Ort.
Ausgangspunkt: Bergrestaurant Blauspitz, 2305 m, in der Ganotzmulde. Sessellift in 2 Sektionen von Großdorf (Juli/August 9–11.30 Uhr, 13–16.30 Uhr, Juni, September, Oktober 9–11.30 Uhr, 13–16 Uhr). Beim Bergrestaurant ist Europas höchst gelegener Kinderspielplatz.
Gehzeiten: Bergrestaurant Blauspitz – Kalser Höhe ½ Std., Kalser Höhe – Kals-Matreier-Törlhaus 35 Min., Kals-Matreier-Törlhaus – Bergrestaurant Blauspitz ¾ Std. Gesamtzeit knapp 2 Std.
Höhenunterschied: 320 m.

Höchster Punkt: Kalser Höhe, 2434 m.
Anforderungen: Unschwierige Rundwanderung, wenn das Gelände schneefrei ist. Ansonsten kann der zweite Teil der Wanderung gefährlich sein!
Einkehrmöglichkeiten: Bergrestaurant Blauspitz, Kals-Matreier-Törlhaus.
Sehenswertes: Großdorf, ein Osttiroler Bilderbuchdorf. Ca. ½ Std. oberhalb der Seilbahn-Bergstation im Ganotz-Osthang, 2385 m, wurde im 15. Jh. Kupfererz abgebaut, im 16. Jh. Kupferkies im Serpentingestein gefunden: Schaubergwerk-Besichtigung durch Solarbeleuchtung im »Knappenloch«, einem so genannten Hoffnungsbau.

Die Höhenrunde ist identisch mit einem alpinen Lehrpfad, an dem zehn farbige Schautafeln diverse »Geheimnisse« der Natur und des Gebirges bzw. des Lebens im Hochgebirge veranschaulichen und erläutern. Außerdem ist die Wanderung ein Teilstück des Europa-Panoramawegs. Vom halbrunden **Bergrestaurant Blauspitz**, im Schatten der mächtigen Blauspitze, geht es in 5 Min. empor zu einem grasigen Rücken, 2340 m, an dem die erste Lehrtafel steht. Am nordöstl. benachbarten, 200 m hohen, durch fixe Haken gesicherten Ostgrat der Blauspitze sind gelegentlich Kletterer zu beobachten. Wir halten uns rechts und steigen über Serpentinen in 25 Min. – rechts im Hang Lawinenverbauungen – auf den stumpfen, grasigen Törlkamm bzw. die **Kalser Höhe**, 2434 m. »Panoramawelt 3000« lautet eine Fremdenver-

Das Kals-Matreier-Törlhaus im gleichnamigen Sattel ist ein beliebtes Ausflugsziel.

kehrsdevise für die Schaupromenade, von der mehr als 60 Dreitausender zu sehen sind – beeindruckend im Nordwesten die graue Bretterwand der gleichnamigen Spitze, der Großglockner und südöstl. der Glödis, das »Matterhorn der Schobergruppe«. Eine gemütliche Kammwanderung führt uns südwärts, am Thörlhüttchen, 2420 m, der Tiroler Wasserkraftwerke vorbei. Die Spur senkt sich über den Pfarrerbüchel, 2387 m, zum Feldkopf, 2272 m (das abstrakte, 1993 geweihte Metallkruzifix schuf der Matreier Peter Raneburger). Der Wendepunkt der Tour ist am Kals-Matreier-Törl, 2207 m, erreicht. Bei dem 1880 gegründeten **Kals-Matreier-Törlhaus**, das zur Rast einlädt, geht es spitzwinkelig links, nordöstl., in den sanft geneigten Wiesenhang und in wunderschönem Verlauf bergan als Fortsetzung des **Europa-Panoramawegs** von der Seilbahn-Bergstation Goldried, jetzt als Lehrweg, illustriert mit farbigen Tafeln (u. a. über »Eismänner und Schneefrauen«). Nach 40 Min. ist die Steigung des Rückwegs geschafft und es geht zum **Bergrestaurant Blauspitz** hinunter.

6 Greibühel, 2247 m

Vom Lucknerhaus nach Kals

Lucknerhaus – Greiwiesen – Greibühel – Geierspitz – Burg – Mühlenweg – Kals

Über die weitläufigen Greiwiesen führt die Wanderung ins Kalser Tal.

Talort: Kals, 1325 m, im gleichnamigen Tal südwestl. des Großglockners. Zufahrt von Huben/Iseltal 13 km, von Lienz 32 km (nächster Bahnhof). Postbusse.
Ausgangspunkt: Lucknerhaus, 1918 m, Berggasthof im Ködnitztal am Ende der 1976–80 angelegten Glocknerstraße von Kals (7½ km) (Unterkunft, ganzjährig). Parkplätze. Auf einem Felsblock die verkleinerte Kopie des 1880 verankerten Kaiserkreuzes auf dem Großglockner. Postbusse 2. Juliwoche bis 1. Oktoberwoche. Sonst private Kleinbusse ab Kals.

Gehzeiten: Lucknerhaus – Greibühel 1¼ Std., Greibühel – Burg 1 Std., Burg – Kals 20 Min. Gesamtzeit knapp 2¾ Std.
Höhenunterschied: 350 m.
Höchster Punkt: Greibühel, 2247 m.
Anforderungen: Beschilderte unschwierige, streckenweise schmale Wege.
Einkehrmöglichkeiten: Unterwegs keine.
Sehenswertes: Rosenkranzkönigin-Kapelle; Dorferbach-Stockmühlen (mahlen Juni bis Oktober jeden Do.-Nachmittag), aus dem 12. Jh; Georgskirche in Kals (siehe S. 11f.).

Die Wanderung vom Lucknerhaus über die familienfreundlichen, weitflächigen blumigen Greiwiesen oberhalb der Waldgrenze ist wegen ihrer Stille und Ursprünglichkeit ein Geheimtipp im Kalser Tourendorado.
An der Südseite des Alpengasthofs **Lucknerhaus** folgen wir der Tafel »Greiwiesen – Greibühel – Figerhorn« in die Außenzone des Nationalparks Hohe Tauern (Mark.-Nr. 42). Es geht durch lichten Lärchenwald spürbar bergan (verblasste Farbzeichen, Rastbank an der Waldgrenze). Mittels einiger Kehren über die Steilstufe empor zu den **Greiwiesen** und westwärts den Spu-

ren folgend in einer ¾ Std. zum Kreuz auf dem nur schwach ausgeprägten **Greibühelgipfel** (Wegweiser). Das Auge wird des Schauens nicht müde: südöstl. der stumpfe Kegel des Bösen Weibl (siehe Tour 7), überdies Blau- und Kendlspitze, Kleiner und Großer Muntanitz, Hochschober sowie Großglockner. Nordwärts leiten die Spuren des Wendelin-Weingartner-Wegs (nach dem Tiroler Landeshauptmann) Richtung Figerhorn (2724 m, ca. 1½ Std., am Gipfelaufbau Trittsicherheit notwendig; Edelweiß). Unsere Route hingegen behält noch kurz die Westrichtung bei. Dann geht es links haltend über Wiesenhänge hinunter zum **Geierspitz**, 2102 m, und weiter über einen Lärchenrücken. Bei der Rastbank am Schalotz rechts halten, ca. 300 m. An einer Heuhütte, 1934 m, schwenken wir links ein und wandern kehrenreich 20 bis 25 Min. im Lärchenwald abwärts, bis wir auf einen Querweg stoßen. Rechts ein Stück fast eben dahin. An der Gabelung links auf dem Forststräßchen weiter, links am Wasserbunker vorbei und hinab zum Burgerbach. Jenseits, rechts oberhalb des Wegs, in einem gigantischen Felsblock die **Rosenkranzkönigin-Kapelle** (1978), davor ein 1995 geweihtes Passions-Herz-Jesukreuz. An Kreuzwegstationen vorbei und am »Unterweger« hinunter zur Straße im Kalser Ortsteil **Burg**, 1450 m. Links abermals über den Burgerbach. Von der Bushaltestelle noch 100 m der Straße folgen, dann rechts in den **Mühlenweg** einschwenken. Absteigend über den Natur-Erlebnispfad oberhalb der Stockmühlen am Dorferbach talaus. Bei der Gratzbrücke von Großdorf, vor der Georgskirche, gehen wir links über den Bach und gelangen 10 Min. später nach **Kals**.

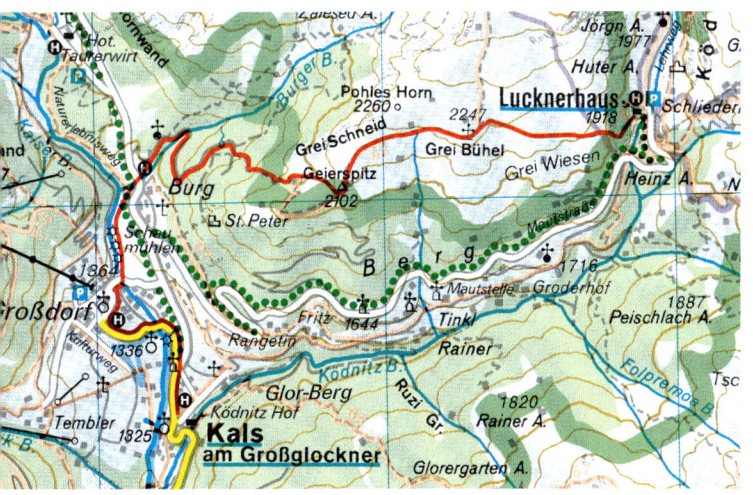

7   Böses Weibl, 3121 m

Panoramablick-Gipfel der Schobergruppe

Lucknerhaus – Peischlachtörl – Böses Weibl

Ausgangspunkt: Lucknerhaus, 1918 m, Berggasthof im Ködnitztal am Ende der mautpflichtigen Kalser-Glocknerstraße (Unterkunft, ganzjährig). Parkplätze. Postbusse 2. Juliwoche bis 1. Oktoberwoche.
Gehzeiten: Lucknerhaus – Peischlachtörl 1¾ Std., Peischlachtörl – Böses Weibl knapp 2 Std., Böses Weibl – Lucknerhaus 3 Std. Gesamtzeit 6¾ Std.
Höhenunterschied: 1200 m.

Höchster Punkt: Böses Weibl, 3121 m.
Anforderungen: Für Konditionsstarke. Markierte, beschilderte Wege und Steige. Am kurzen Gipfelgrat ist Trittsicherheit notwendig; leichte Kraxelei. Orientierungsprobleme bei Nebel etc.
Einkehrmöglichkeit: Keine. Unterstandhütte am Peischlachtörl.
Sehenswertes: Großartige Rundschau vom Gipfel.

Ohne Gletscherbegehung auf einen Dreitausender, von dem die Hirten sagten, er bzw. sie, das Böse Weibl, sei eine schlimme Wettermacherin. Andere wiederum behaupten, dieses Weibl sei das einzige, das nicht böse sei! Vom **Lucknerhaus** auf der Kalser Glocknerstraße 200 m zurück und beim Wegweiser links ab. Der Almgüterfahrweg bringt uns in ¼ Std. zur **Nigglalm**, 2004 m. Die Spur wird schmaler, durchzieht wenig geneigte Wiesen. Ab dem Saum eines Waldgürtels nimmt die Steigung zu, die Kehren führen zu einer Hangrippe. Dort passieren wir nach insgesamt einer ¾ Std. den fla-

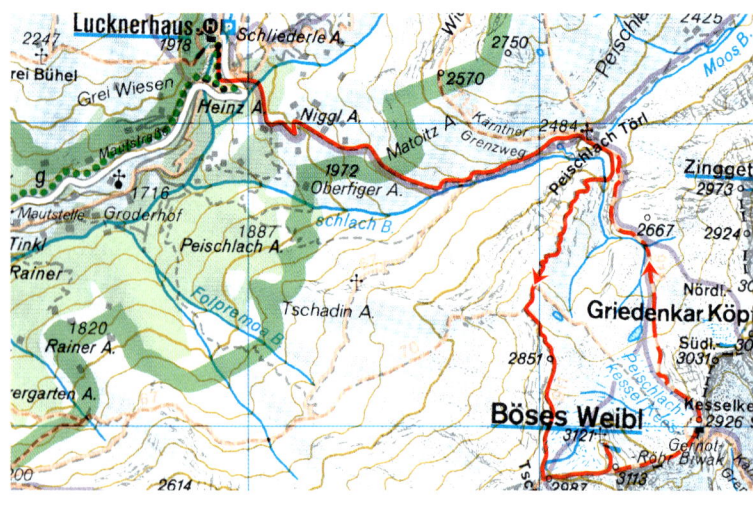

Sommerlicher Neuschnee am Tschadinsattel; darüber das Böse Weibl (linker Gipfel).

chen Stall im Grodertrog, 2220 m. Die Route hält sich nun im Nationalpark Hohe Tauern rechts, hin zum Einschnitt des Peischlachbachs. An der Gabelung, 2260 m (Wegweiser), nicht rechts über den Bach zur Lesachriegelhütte, sondern diesseits weiter bergan zum Wetterkreuz im **Peischlachtörl**, 2484 m, wo eine gemauerte Almhütte verfällt. Das zuckerhutförmige, zum Gipfel hin fast schwarz werdende Böse Weibl gibt die Richtung vor. Dementsprechend wendet sich unsere Route nach rechts. Am Peischlachmoos an der Gabelung wiederum rechts auf den Franz-Senders-Weg (Nr. 911). Über den Peischlachbach, und südostwärts in Kehren am stumpfen, felsdurchsetzten Rücken bergan (nach 50 Min. rechts ein Notabstieg zur Lesachriegelhütte). Links unten liegt der winzige Kesselkeessee. Weiter in Südrichtung; rote Farbkleckse und Steinmänner leiten durch das Blockwerk (noch im Sommer halten sich hier Firnfelder). Der Rücken wird zum Grat, und es geht über in Geröll- und Firnhänge hinauf in den felsigen Tschadinsattel, 2987 m. Jetzt trennt uns noch knapp ½ Std. vom Gipfel: Ab der hölzernen Wegtafel links, östl., im Schutt oder Firn ansteigen. Ab dem schwach ausgeprägten Südsattel (Steinmänner) über glatten Fels bzw. Firn oder über Blockwerk zum Kreuz (mit Gipfelbuch) auf dem **Bösen Weibl**. Der Abstieg erfolgt am einfachsten über die Aufstiegsroute.

Oder (schwieriger, etwas länger, Grödl empfehlenswert) vom Gipfel auf dem Südrücken zurück, links im Firn des Nordostrückens hinab, über eine Gegensteigung und zum Gernot-Röhr-Biwak im Kesselkeessattel, 2926 m. Nochmals links (nördl.) und am rechten Rand des spaltenfreien Peischlachkesselkeeses, vorbei am Gletschersee durch das Hochkar hinab.

8 Glorerhütte, 2642 m

Über ein Teilstück des Wiener Höhenwegs

Lucknerhaus – Glorerhütte – Wiener Höhenweg – Peischlachtörl – Nigglalm – Lucknerhaus

Talort: Kals, 1325 m, im gleichnamigen Tal südwestl. des Großglockners. Zufahrt von Huben/Iseltal 13 km. Von Lienz 32 km (nächster Bahnhof). Postbusse.

Ausgangspunkt: Lucknerhaus, 1918 m, Berggasthof im Ködnitztal am Ende der mautpflichtigen Kalser-Glocknerstraße (7½ km; Unterkunft, ganzjährig). Parkplätze. Postbusse 2. Juli- bis 1. Oktoberwoche.

Gehzeiten: Lucknerhaus – Glorerhütte 2 Std., Glorerhütte – Peischlachtörl 1 Std., Peischlachtörl – Lucknerhaus 1½ Std. Gesamtzeit 4½ Std.

Höhenunterschied: 750 m.

Höchster Punkt: Glorerhütte, 2651 m.

Anforderungen: Markierte, beschilderte Wege und Steige. Am Wiener Höhenweg ist stellenweise Trittsicherheit notwendig; in den Hangrunsen oftmals noch im Frühsommer gefährliche harte Schneereste, bei Nässe heikel!

Einkehrmöglichkeit: Glorerhütte (DAV, Unterkunft, Ende Juni bis Anfang Oktober. Winterraum, 4 Lager, Materialseilbahn vom Lucknerhaus-Parkplatz); Unterstandhütte im Peischlachtörl.

Sehenswertes: Geomorphologischer Lehrpfad, eingeweiht 2004 durch die DAV-Sektion Eichstätt, zum Verständnis des Hochgebirges und seiner Entstehungsgeschichte. Lucknerhaus – Glorerhütte zwölf Stationen; 13. Station ¼ Std. oberhalb der Hütte am Aussichtspunkt Glocknerblick, 2707 m. Weitere sieben Stationen am alten bzw. neuen Weg Glorerhütte – Salmhütte sowie zwei Stationen am Weg Glorerhütte – Mädelesattel.

Die Glorerhütte ist ein wichtiger touristischer Dreh- und Angelpunkt.

Der Wiener Höhenweg führt von der Franz-Josefs-Höhe (Großglockner-Hochalpenstraße) durch die Glockner- und Schobergruppe nach Dölsach im Drautal. Wie erwandern den Abschnitt Glorerhütte – Peischlachtörl im nördl. Randbereich der Schobergruppe.

Beim **Lucknerhaus** am Südrand des Parkplatzes, zwischen der Schautafel und dem Glocknerblick-Fernglas (Info-Tafel Steinwild), bringt uns ein Steiglein zur breiten Trasse. Mit ihr links über das Gelände der Schliederlealm, die Materialseilbahn kreuzend. Parallel zu ihr und zum Bergerbach gewinnen wir an Höhe, streifen die aufgelassene Gratzwinkelalm und wandern in Schleifen und Kehren im weiten grasigen Trog zwischen Medelspitze (links) und Kasteneck (rechts) weiter. Zum Schluss annähernd in Falllinie hinauf zur **Glorerhütte** am Berger Törl an der Grenze des Nationalparks Hohe Tauern. Errichtet wurde der Stützpunkt 1896 von drei Bürgern der Kalser Gemeinde Glor; seit 1968 im Besitz der DAV-Sektion Eichstätt. Wir wandern weiter über die Trasse des **Wiener Höhenwegs** – hier identisch mit dem Kärtner Grenzweg –, schwach südwestl. in der im oberen Teil schrofigen Westflanke des Kastenecks. 35 Min. weiter durch dessen Südhänge, abfallend zum Wetterkreuz und Unterstand im flachen, feuchten **Peischlachtörl**, 2490 m, wo eine gemauerte Almhütte verfällt. Unsere Route wendet sich vor dem Peischlachtörl scharf rechts und senkt sich als guter Weg über die graskargen Hänge des Taleinschnitts rechts des Peischlachbachs. Nach ca. ½ Std. an der Gabelung geradeaus (Wegweiser; nicht links zum Bach bzw. zur Lesachriegelhütte). Vorbei an einem überwachsenen kleinen Murbruch und durch ein Holzgatter. Wir passieren einen Stall, 2220 m, und verlassen den Nationalpark Hohe Tauern. Ab der Hangkante über Serpentinen hinunter zur **Nigglalm**, 2004 m, mit Quellbrunnen. Auf dem Wirtschaftsweg durch Wald, den Bergerbach überschreitend, zuletzt über eine Gegensteigung zur Kalser Glocknerstraße, ca. 200 m südl. vom **Lucknerhaus**, und zu diesem zurück.

9 »Glocknerspur BergeDenken« – Lucknerhütte

Individualisten-Lehrweg im Ködnitztal

Lucknerhaus – Groderebene – Lucknerhütte – Lucknerhaus

Talort: Kals, 1325 m, im gleichnamigen Tal südwestl. des Großglockners. Zufahrt von Huben/Iseltal 13 km, von Lienz 32 km (nächster Bahnhof). Postbusse.
Ausgangspunkt: Lucknerhaus, 1918 m, Berggasthof im oberen Ködnitztal am Ende der mautpflichtigen Kalser Glocknerstraße (7½ km von Kals; Unterkunft, ganzjährig). Parkplätze. Postbusse 2. Juli bis 1. Oktoberwoche.
Gehzeiten: Lucknerhaus – Jörgenalm 10 Min., Jörgenalm – Groderebene ¼ Std., Groderebene – Lucknerhütte ½ Std., Lucknerhütte – Lucknerhaus 50 Min. Gesamtzeit 1¾ Std. Bei experi-

menteller Hingebung und Selbsterfahrung auf Glocknerspur BergeDenken mindestens 2 Std.
Höhenunterschied: 350 m.
Höchster Punkt: Lucknerhütte, 2241 m.
Anforderungen: Spaziergang, ideal (lehrreich) für Kinder.
Einkehrmöglichkeit: Lucknerhütte (privat, Anfang Juni bis Mitte Oktober).
Sehenswertes: Kals (siehe S. 11). Hölzernes Ködnitzkirchl (Herz-Jesu-Kapelle) der Jörgenalm, auch »Heidi-Alm« genannt (dort drehte man 1992 Außenaufnahmen von Johanna Spyris verfilmtem Weltbestseller »Heidi«).

Der 3798 m hohe Großglockner, der höchste Berg Österreichs, wurde am 28. Juli 1800 erstmals erstiegen. Zum 200-jährigen Jubiläum entstand am 16. Juni 2000 durch die Verwaltung Nationalpark Hohe Tauern der Themenlehrweg »Glocknerspur BergeDenken«, wobei Alpinhistorisches und das hiesige Bergführerwesen auf einer großen Schautafel am Südrand des Parkplatzes dargestellt werden.
Des Weiteren erfährt man auf dem außergewöhnlichen Lehrweg durch insgesamt 15 Stationen Wissenswertes von kleinen und großen Naturwundern unter dem Motto »Fitness für den Geist«.

Vom **Lucknerhaus** nehmen wir bei der Fahrverbottafel in Höhe der Ködnitzbachbrücke rechts des Almgüterfahrwegs den Pfad über einen Holzsteg zur ersten Station, »Weg zur Mitte – Selbstfindung des Individuums«. Der leicht ansteigende Verlauf des Lehrpfads ist eindeutig, er wechselt sich mit dem Fahrweg ab, den Großglockner im Hintergrund, von dessen Historie das hölzerne Glocknerbuch berich-

Im Ködnitztal zieht der Großglockner die Blicke geradezu magnetisch an.

tet. Beim Ködnitzkirchl, 1977 m, im lichten Lärchenwäldchen bietet sich eine Rast an. Weitere Stationen (eine »praktische« über das »Be-Greifen« der Glocknergesteine und die Signifikanz des Lärchenwalds in der Natur- und Kulturlandschaft) folgen. Bald ist die Steigung geschafft. Über dem hintersten Talgrund zeigt sich die Lucknerhütte und die Wegtrasse dorthin; uns zur Linken steht die breite, eigenwillig geformte Freiwand. Wo sich die Themenroute nach rechts hinunter zum Ködnitzbach wendet, wandern wir geradeaus. Erst an der folgenden Gabelung rechts, vorbei am Norbert-Maier-Gedenkstein, zur Ködnitzbachbrücke auf der **Groderebene**. Am anderen Ufer beginnt der eigentliche Anstieg in einer langen Schleife zu der 1983/84 vergrößerten **Lucknerhütte**, 2241 m, wo es laut dem Wirt »Flori« Oberlohr traditionell ausgerichtete Küche aus eigener biologischer Landwirtschaft gibt.

Wir wandern zurück und schwenken vor der Ködnitzbachbrücke links ein in den schmalen Rundwanderweg Ködnitztal, der zum BergeDenken-Lehrpfad mit Lebensräumen- und Pflanzenbeispielen im Tal zurückführt. Eine letzte Station hat das Thema »Klangspuren – In die Stille horchen«. Die Rundtour endet auf den Parkplätzen beim **Lucknerhaus**.

10 Stüdlhütte, 2802 m

Im Angesicht des Großglockners

Lucknerhaus – Lucknerhütte – Stüdlhütte – Teischnitztal – Kals

Talort: Kals, 1325 m, im gleichnamigen Hochtal südwestl. des Großglockners. Zufahrt von Huben/Iseltal 13 km, von Lienz 32 km (nächster Bahnhof). Postbusse.
Ausgangspunkt: Lucknerhaus, 1918 m, Berggasthof im Ködnitztal am Ende der mautpflichtigen Glocknerstraße (7½ km von Kals; Unterkunft, ganzj.). Parkplätze. Postbusse 2. Juli- bis 1. Oktoberwoche.
Gehzeiten: Lucknerhaus – Lucknerhütte 1 Std., Lucknerhütte – Stüdlhütte ca. 1¾ Std., Stüdlhütte – Hotel Taurerwirt ca. ¾ Std., Hotel Taurerwirt – Kals 2¾ Std. Gesamtzeit 6¼ Std. Direkter Rückweg Stüdlhütte – Lucknerhaus ca. 2¼ Std., insgesamt rund 3 Std. kürzer.
Höhenunterschied: 900 Hm im Aufstieg, 1460 Hm im Abstieg.
Höchster Punkt: Stüdlhütte, 2802 m.
Anforderungen: Markierte, beschilderte Wege. Abstieg ins Teischnitztal (zwei gesicherte Passagen) nur für Trittsichere und Schwindelfreie bei aperem, trockenem Zustand der Hänge.
Einkehrmöglichkeiten: Lucknerhütte (privat, Anfang Juni bis Mitte Oktober, Unterkunft, Materialseilbahn); Stüdlhütte

Die Stüdlhütte in futuristischer Architektur.

(DAV, Mitte Juni bis Anfang Oktober, Unterkunft); Hotel Taurerwirt (Mo. geschlossen, Winterraum, 24 Lager, Materialbahn).
Sehenswertes: Kals. Hölzernes Ködnitzkirchl (Herz-Jesu-Kapelle) der Jörgenalm. Gletscherabbruch des Ködnitzkeeses. Mühlen am Dorferbach (eine mahlt Do.-Nachmittag von Juni bis Oktober).

Als der Prager Großkaufmann Johann Stüdl 1867 den Großglockner erstieg, reifte in ihm der Entschluss, auf der Fanatscharte eine Hütte aus eigenen Mitteln zu gründen – was 1868 zum Preis von 5730 Gulden geschah. Die heutige Hütte in Viertelschalenform kostete 3,7 Millionen Mark.
Vom **Lucknerhaus** wie bei Tour 9 entweder auf dem Almgüterfahrweg oder mit der »Glocknerspur BergeDenken« talein zur **Lucknerhütte**, 2241 m. In das hinterste, teils klammähnliche Tal des Ködnitzbachs. Das Gelände steilt sich auf. Knapp 1 Std. nach der Lucknerhütte passieren wir ein mineralienverziertes Kreuz und gelangen auf die Viehböden, wo beim Wegweiser, 2534 m, rechts Routen zur Salm- und zur Glorerhütte abzweigen. Zur **Stüdlhütte** über den begrünten Moränenrücken des Ködnitzkeeses und mit einigen Kehren zur Fanatscharte, von wo man die 1997 von der Münchner AV-Sektion Oberland eingeweihte Stüdlhütte sieht. (Wer Dreitausender-Luft

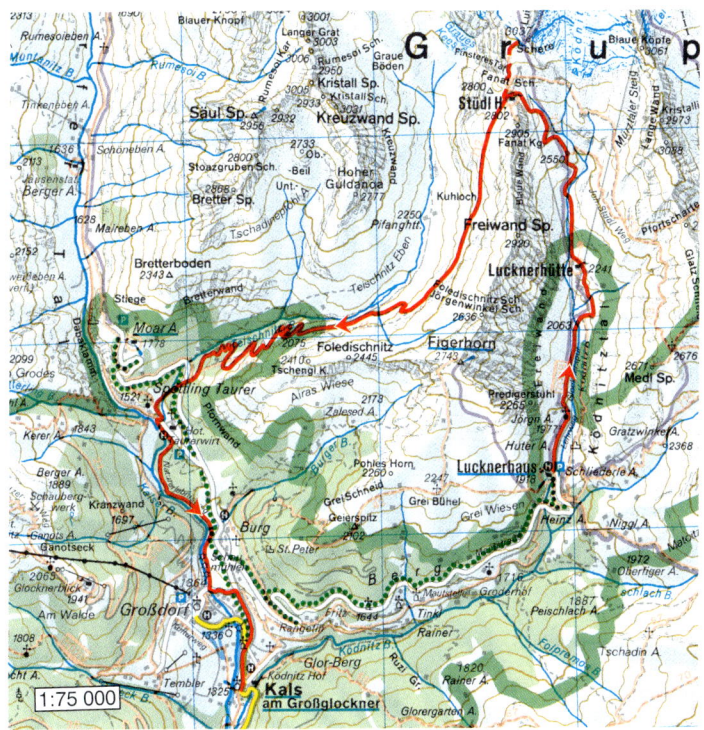

schnuppern möchte, steigt von der Hütte in einer ¾ Std. mühsam über Geröll und Schnee in die »Schere«, 3031 m, ein Schärtchen im Süd- bzw. Luisengrat des Großglockners; Trittsicherheit notwendig, Drahtseile). Vom Plateaurand mit dem Weg Nr. 712 südwestl. durch Blockwerk und Geröll hinab ins **Teischnitztal**. Der Steig (Farbzeichen am schrofigen Hang der Freiwandspitze) leitet durch Rinnen und über Rippen zum Talboden, auf dem man am Teischnitzbach entlang durch die **Teischnitzklamm**, 2075 m, und Lärchenwald zur Autostraße wandert. Wir gehen links, ca. 200 m, dann rechts ab und hinunter zum Hotel **Taurerwirt**, 1512 m. Weiter auf der Straße, nach 150 m rechts in den Mühlenweg, über diesen zum Wald und abwärts. Unsere Route hält sich an den Dorferbach. Bei der Gratzbrücke von Großdorf (jenseits die spätromanische Kirche St. Georg) zur Straße, die uns in ¼ Std. nach **Kals** zurückbringt.

11 Rudnig, 2429 m

Auf den Wächter des Defereggentals

Dölach – Poling – Sattele – Rudnig – Naßfeldalm – Außerbachalm – Dölach

Talort/Ausgangspunkt: Dölach, 965 m, Ortsteil von Hopfgarten, 2 km von Huben/Iseltal, 23 km von Lienz (nächster Bahnhof). Postbusse.
Parkmöglichkeiten: Östl. des Orts, an der Südseite der Schwarzachbrücke bzw. am Beginn der Wanderung.
Gehzeiten: Dölach – Poling ¾ Std., Poling – Naßfeldsee 2½ Std., Naßfeldsee – Rudnig 1¼ Std., Rudnig – Außerbachalm knapp 2 Std., Außerbachalm – Dölach 1¼ Std. Gesamtzeit 7¾ Std.
Höhenunterschied: 1500 m.
Höchster Punkt: Rudnig, 2429 m.
Anforderungen: Unschwierig, aber anstrengend (Höhenunterschied). Bei Nebel auf dem Naßfeld und am Gipfelaufbau trotz roter Holzpflöcke eventuell Orientierungsprobleme!
Einkehrmöglichkeit: Keine.

Unter Osttirolkennern wird der Rudnig als Geheimtipp gehandelt, zum einen als nordöstl. Eckpfeiler der Deferegger Alpen, zum anderen bietet der Gipfel eine großartige Aussicht. Als weiterer Geheimtipp gilt auch das Naßfeld und der gleichnamige traumhafte Bergsee.
Ab der Schwarzachbrücke (Wegtafeln) in **Dölach** wandert man bergwärts auf dem Forstfahrweg in einer ¾ Std. zu dem weitum sichtbaren Sendemast auf **Poling**, 1291 m. An der Gabelung geht es rechts. Wir gewinnen weiterhin im Wald mittels langer Kehren an Höhe. Knapp 40 Min. nach Po-

Am Ausgangspunkt an der Schwarzbachbrücke – Blick auf die Schobergruppe.

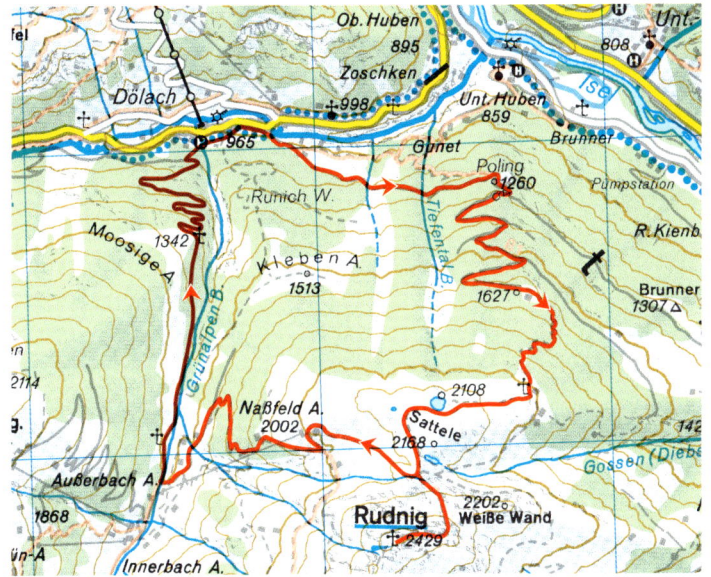

ling den Farbzeichen nach rechts folgen und 1 Std. zunehmend steiler weiter bis zu einer (geschlossenen) Almhütte, ca. 2000 m, mit Kreuz und Quellbrunnen. Wir halten uns rechts, wandern westl. über das von Fichten und Zirben bestandene **Naßfeld** und durch ein Wiesentälchen und sind nach 20 Min. am **Naßfeldsee**, 2108 m, bzw. in weiteren 10 Min. im flachen **Naßfeldsattel**, 2168 m (bei den Einheimischen das »Sattele«). Wir halten uns auf dem Weiterweg schwach links (südöstl., rote Holzpflöcke) und folgen den kehrenreichen Pfadspuren (abschließend steinig) zu der schwach eingewölbten Schulter am Ostrücken. Rechts gewinnt der Anstieg den flachen Grat, und in ¼ Std. stehen wir am Kreuz (topografisches Zeichen) auf dem **Rudnig** mit großartiger Fernsicht auf den Großglockner im Nordosten.

Zurück in das »Sattele«, wiederum links halten und in 20 Min. zur unbewirtschafteten **Naßfeldalm**, 2002 m. Die Route führt bald als Karrenweg durch Lärchenwiesen. In Kehren durch den Wald hinunter bis zu einem Forststräßchen. Hier links über den Rudnigbach und bei der **Außerbachalm**, 1500 m, mit der Brücke über den Grünalmbach. Auf einem Almgüterfahrweg mit mäßigem Gefälle, parallel zum Grünalmbach, talaus. Ca. ½ Std. später wird der Weg kehrenreich und endet bei einem Getränkevertrieb an der Talstraße. Auf dieser rechts, durch **Dölach** ¼ Std. zum Ausgangspunkt.

12 Bloshütte, 1795 m

Ins Defereggengebirge

Hopfgarten – Gagenalm – Bloshütte – Zwenewaldtal – Hopfgarten

Talort: Hopfgarten, 1107 m, National-
parkgemeinde an der Defereger »Sunn-
seit'n«. Talpforte, 6 km westl. von Hu-
ben/Iseltal, 25 km von Lienz (nächster
Bahnhof). Postbusse.
Ausgangspunkt und Parkmöglichkeit:
Westl. Ortsrand, neben dem originellen
Baumstamm-Bildstock an der überdach-
ten Holzbrücke (Blosbrücke) an das südl.
Schwarzachufer. Taxi-Abfahrt.
Gehzeiten: Hopfgarten – Gagenalm
2½ Std., Gagenalm – Bloshütte 1½ Std.,
Bloshütte – Hopfgarten knapp 1¾ Std.
Gesamtzeit 5¾ Std. Die Tour kann um 2½
Aufstiegsstd. verkürzt werden: Taxidienst
Alois Blasnig in Hopfgarten zur Gagen-
alm, Tel. 0 48 72/53 61 bzw. 54 64.

Höhenunterschied: 980 m.
Höchster Punkt: Querung im Ga-
gen-Südosthang, ca. 2080 m.
Anforderungen: Unschwierige, beschilderte Rundwanderung auf breiten Wegen.
Einkehrmöglichkeiten: Gagenalm (Alm-
saison Milch etc.); Bloshütte (privat,
Unterkunft, Anfang Juni bis Mitte Oktober).
Sehenswertes: Informatives und lehrrei-
ches, 2003 eröffnetes Kulturhaus, Mo–So
8–22 Uhr. Im Komplex des Kulturhauses
ist das Tourismusbüro Hopfgarten untergebracht (u.a. Infos über Getreidemahlen
in der Böckinmühle); Tel. 0 48 72/53 56.
Ausgangspunkt des 2 km langen »Wasserwander-Weges«.

Der Epilog dieser Wanderung ist
gleichlaufend mit dem 7,6 km langen Zwenewaldweg durch eines
der schönsten schattseitigen Sei-
tentäler von Defereggen.
Jenseits der denkmalgeschützten
Blosbrücke, einer Station des 2 km
langen »Wasserwander-Weges«,
steigen wir westlich auf der Forst-
straße an. Nach 35 Min. die Linkskehre ausgehen und 25 Min. später
scharf rechts (geradeaus Zwenewaldweg – Bloshütte) durch den
kühlen, dunklen Bannwald. Die
Rechtsabzweigung Richtung Bich-
ler-, Egg- und Kleinitzalm bleibt unbeachtet. Wir halten uns links, gewinnen zunächst den freien Nord-
ostrücken des Gagenkamms, dann
etwas höher die z. T. noch ur-
sprünglichen Hütten der **Gagenalm**, 1992 m. Es folgt eine genuss-

In Hopfgarten beginnt die Wanderung.

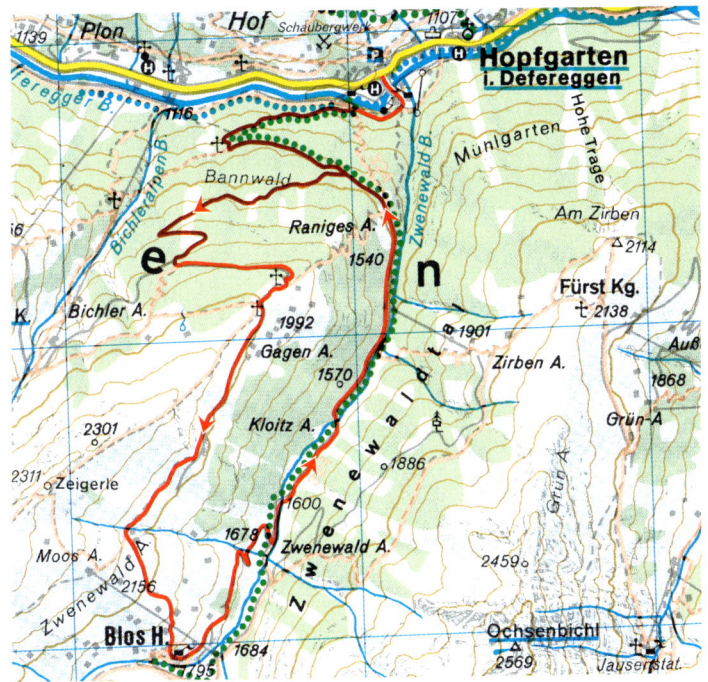

reiche Traverse – anhaltend Glocknerblicke – in den stellenweise felsbesetzten Südostflanken des Gagen, ca. ¼ Std. fast eben, sodann ¼ Std. bei mittelmäßiger Steigung zu einem Bach. Hier sind wir am Scheitelpunkt unserer Wanderung angelangt. Bei der Gabelung setzt rechts, vorbei an der Moosalm, die Gipfelroute zum Gagen an. Unser Höhenpfad senkt sich, streift etliche Zwenewald-Almhütten und führt uns zur **Bloshütte**, 1795 m, am Eingang des Galgenalpenbachtals (ab hier ein Steig ins Villgrater Joch, 2¼ Std.). Nun wieder auf einem Forststräßchen nördl. ins **Zwenewaldtal**. Ca. 10 Min. später passiert man die Zwenewaldalm, 1676 m. Rechts oben erstreckt sich der vom Ochsenbichl zum Fürstkogel abfallende Kamm. Wir wandern weiter talaus, vorbei an einem kleinen Kraftwerk. Eine Tafel zeigt rechts zum Fürstkogel, 2138 m. Der Fahrweg wendet sich links vom Zwenewaldbach ab, vorbei an einem Kreuz, wird umrahmt vom steilen Bergwald und führt zum Hinweg, ca. ½ Std. oberhalb dem Ausgangspunkt Blosbrücke in **Hopfgarten**, zurück.

13 Speikboden, 2653 m – Donnerstein, 2725 m

Gipfeltour am Lasörlingkamm

St. Veit – Speikbodenhütte – Speikjoch – Speikboden – Donnerstein

St. Veit über dem Talboden an der Sonnenseite des Defereggentals.

Ausgangspunkt und Parkmöglichkeit: St. Veit, 1495 m, am Sonnenhang des Defereggentals zwischen Hopfgarten und St. Jakob. Von der Talstraße 2 km, von Lienz 35 km (nächster Bahnhof). Postbusse. Parken am Dorfplatz vor der Kirche, besser etwas oberhalb links der Straße (großer Platz mit Info-Anschlägen).

Gehzeiten: St. Veit – Speikbodenhütte knapp 2 Std., Speikbodenhütte – Speikboden 2 Std., Speikboden – Donnerstein 25 Min., Donnerstein – St. Veit ca. 3 Std. Gesamtzeit ca. 7½ Std. Kürzer um ca. 3¼ Std.: Mit Pkw auf beschildertem Fahrsträßchen (5 km, davon 1½ km bis Oberholz geteert) zur Hütte.

Höhenunterschied: 1300 m.

Höchster Punkt: Donnerstein, 2725 m.

Anforderungen: Markiert und beschildert. Der Übergang Speikboden – Donnerstein erfordert Trittsicherheit und Schwindelfreiheit; bei Nässe und Schnee gefährlich! Dann nur bis zum Speikboden gehen!

Einkehrmöglichkeit: Speikbodenhütte

(privat, Unterkunft, Ende Juni bis Mitte Oktober).

Sehenswertes: Pfarrkirche St. Vitus, jüngste Restaurierung 2001, älteste Seelsorgestelle im Tal, ursprünglich romanisch (Taufstein), heutiger Chor aus der Spätgotik, barockes Langhaus um 1730. An der Nordwand und im Chor gotische Fresken, u. a. Maria Verkündigung, Christi Geburt, 12 Apostel. Im Portalvorbau Bronzebüste von Sebastian Rieger (Pseudonym »Reimmichl«, 1867–1953) aus St.-Veit-Inneregg. Der »Pfarrer von Tirol«, 1904 Mitbegründer des Tiroler Bauernbunds und Volksdichter, schildert in seinem Buch »Das Mädchen von St. Veit« die Vertreibung von rund 1000 protestantischen Defereggern im Winter 1684 durch den Salzburger Erzbischof Paris Graf von Lodron. Rieger ist Autor des patriotischen Gedichts »Tirol isch lei oans« (Tirol ist eine Einheit). »Reimmichlbrunnen« beim Gemeindeamt.

Wissenswertes: Das Alpengasthaus Pichler gilt als eines der besten in Osttirol.

Am Lasörlingkamm im Nationalpark Hohe Tauern blüht im Juli/August der stark duftende Speik (Valeriána céltica, eine klebrige Primel mit dunkelgrünen, matt glänzenden Blättern), der früher Seifen intensivierte.

Ab dem großen Parkplatz, ca. 1500 m, in **St. Veit** mit der Straße bergan und an der zweiten Gabelung rechts (Tafel »Zufahrt zur Speikbodenhütte«). Diese Zufahrt gilt für uns als Wanderer (sofern man auf die mit Nr. 316 bez. steilen Abkürzer verzichtet) und ist bis Oberholz, 1660 m, geteert. Dort die Linkskurve nehmen und auf gewalztem Natursträßchen den Gsaritzerbach überschreiten. (Danach erneut ein Abkürzer nach rechts, Weg-Nr. 316.) An der Straßengabelung hält man sich rechts und erreicht 20 Min. später oberhalb des Waldgürtels die **Speikbodenhütte**, 2030 m. Von hier zunächst zu den beiden Hütten der Zischkealm, 2079 m, ansteigen. Ein rot markiertes Steiglein schlängelt sich über eine Steilstufe hoch zur Terrasse mit dem St. Veiter Wetterkreuz, 2245 m (Rastbank, Vermessungszeichen). Links geht ein Steig zu den Gritzer Seen; wir aber halten uns rechts und wandern nördl. durch eine weitläufige Hangmulde in 35 Min. zu der von Felsplatten gerahmten St. Veiter Lacke, ca. 2430 m. (Hier mündet rechts ein Weg von der Frözalm.) Durch Geröll ins grasige **Speikjoch**, von wo sich erstmals ein Blick über das Virgental auf die südl. Venediger-Gletscher bietet. Rechts über Rasenpolster und Schrofen zum nahen, 1981 neu aufgestellten Kreuz auf dem **Speikboden**. Über eine ca. 800 m lange Pfadspur im Ab und Auf knapp unterhalb des Kamms durch die exponierten Rasenhänge in 25 Min. auf den **Donnerstein** mit Steinmann und Vermessungszeichen.

Der Abstieg erfolgt auf dem Anstiegsweg.

14 Deferegger Bergbauernkultur

Der Panoramaweg »Leben am Steilhang«

Bruggen – Holzermühle – Gassen – St. Veit – Zotten – Bruggen

Talort und Ausgangspunkt: Bruggen, 1300 m, Ortsteil von St. Veit im Defereggental zwischen Hopfgarten (12 km) und St. Jakob (4½ km). Parkplätze in Bruggen.
Gehzeiten: Bruggen – Holzermühle ¼ Std., Holzermühle – Gassen ½ Std., Gassen – St. Veit ¾ Std., St. Veit – Zotten ½ Std., Zotten – Bruggen 1¼ Std. Gesamtzeit 3¼ Std.
Höhenunterschied: Ca. 320 m.

Höchster Punkt: Gassen, 1568 m.
Anforderungen: Unschwierige Wanderung; in der Gritzer Klamm Trittsicherheit!
Einkehrmöglichkeiten: St. Veit; Alzenbrunn-Hütte (Di.–Sa. ab 15 Uhr, So. ab 11 Uhr).
Sehenswertes: Holzermühle (Getreidemahlen Mitte Juni bis Mitte September, Mi. 9–11 Uhr); Bergweiler Gassen, zentrales Element des Themenwegs; St. Veit (siehe Tour 13).

Angelegt im Juni 2000, durchmisst die Route einen uralten, bewährten Lebens- und Arbeitsraum von Generationen zäher Deferegger Bauern.

Von **Bruggen** auf der Straße einige Minuten talein spazieren. Beim Haus Monitzer verlässt man die Straße rechts und hält sich nochmals rechts (im Holzkästchen Info-Faltblatt; Wegweiser). In mäßigem Auf und Ab in 10 Min. zu der idyllisch am oberen Rand einer Lichtung stehenden, mit Nationalparkmitteln wieder in Stand gesetzten **Holzermühle**. Kandeln holen die Energie vom Froditzbach-Wasserfall, zu dem ein Stichweg führt. Der Weiterweg überschreitet rot-weiß markiert den Froditzbach und geht in Kehren über. Knapp ½ Std. nach der Mühle erkennt man etwas oberhalb des Wegs das »Brechelloch«. Dort brachen einst die Gassener den Flachs. Auf einer Hangschulter erreichen wir den Bergweiler **Gassen**, 1568 m. Den Exodus seiner Bewohner bedingten die Unwetter 1965: tagelanger Regen hatte ei-

Die Holzermühle erinnert an vergangene Mühlenromantik.

nen Erdrutsch ausgelöst, der ein Doppelanwesen samt 6 Menschen in die Tiefe riss. 2006 wohnte noch eine betagte Person in Gassen. Eine Straße befindet sich im »Anmarsch«. Der »Solder« bzw. seine drei Schautafeln informieren über Historisches. An den Ecken der hölzernen Aussichtsplattform symbolisieren Pflug, Mühlrad, Säge und Glocke die Grundlage des Lebens (und Überlebens) der Bergbauern, die Glocke als Synonym für Glaube und Religion. Weiter führt uns der Weg talauswärts ca. ¼ Std. über Wiesen, ehe wir links in die wald- und felsbestandene **Gritzer Klamm** gelangen. Etwas später das Marterl »Beim Kreuzl«. Wir erreichen die Häuser von **Untergritzen** und gelangen in 5 Min. hinauf nach **Obergritzen**, wobei man ein ungewöhnlich gestaltetes Kreuz passiert: Gott Vater, darunter Jesus und Maria. Das Asphaltsträßchen bringt uns in ¼ Std. nach **St. Veit**, 1495 m. Vom Alpengasthof Pichler, einem der besten Osttirols, geht es 100 m abwärts. An der Linkskurve wird die Straße rechts verlassen (links die 14. und letzte Kreuzwegstation) entsprechend dem 1805 geweihten Kreuzweg. Hinab zur Reimmichlstraße und rechts abbiegen; nach 10 m links durch den bäuerlichen Ortsteil Linden (auf manchen Karten falsch vermerkt!). Vor dem letzten Hof hält man sich links (Wegtafel). Die schmale Spur senkt sich über Wiesen und durch Wald zum Kirchlein von **Zotten**, 1276 m, an der Talstraße. Links neben dem Ehrenmal für Gefallene aus den Tiroler Befreiungskämpfen 1809/10 gegen Napoleon wandern wir zur Schwarzach. Am anderen Ufer folgt man rechts dem breiten Weg talein. Nach ¼ Std. rechts vorbei am Sportplatz; bei der insgesamt dritten Schwarzachbrücke (Haus Nr. 28) rechts auf dem Schotterweg weiter bis zur rustikalen **Alzenbrunn-Hütte** und zurück nach **Bruggen**.

15 Großer Leppleskofel, 2811 m

Auf einen Panoramagipfel par excellence

St. Jakob – Bruggeralm – Mooseralm – Großer Leppleskofel

Talort: St. Jakob, 1389 m, Nationalparkgemeinde, Defereggen-Hauptort an der breitesten Stelle des Tals bzw. der Mündung des Trojeralmbachs. Von Huben/Iseltal 22½ km, von Lienz 45 km (nächster Bahnhof). Postbusse.

Ausgangspunkt/Parkmöglichkeit: Talstation der Brunnalmbahn, 2 km von St. Jakob, südl. der Talstraße, 1399 m. Nächste Postbushaltestelle (600 m) St. Leonhard.

Gehzeiten: St. Jakob – Bruggeralm 1½ Std., Bruggeralm – Mooseralm 1½ Std., Mooseralm – Großer Leppleskofel 1½ Std., Großer Leppleskofel – Mooseralm 1¼ Std., Mooseralm – St. Jakob 2¼ Std. Gesamtzeit ca. 8 Std.

Kürzer: Benützung der Brunnalm-Gondelbahn (Anfang Juni bis Anfang Oktober, 8.45–11.45 Uhr, 13–16.30 Uhr, Sa. Ruhetag) und des Mooserberg-Dreiersessellifts (Mitte Juni bis Ende September, letzte Talfahrt ab Mooseralm 16.15 Uhr).

Höhenunterschied: 1420 Hm ohne Seilbahnbenützung.

Höchster Punkt: Großer Leppleskofel, 2811 m.

Anforderungen: Markierte und beschilderte Wege und Steige; das Gelände sollte schneefrei sein. Schwierig: Übergang vom Großen Leppleskofel auf teilw. blockigem Grat zur Hochleitenspitz, 2877 m.

Einkehrmöglichkeiten: Bruggeralm (privat, Juni bis Oktober); Mooseralm (privat, Ende Juni bis Ende September).

Sehenswertes: St. Jakob (siehe Tour 16). Unweit dem Ausgangspunkt St. Leonhard, legendenumwobene gotische, 1500 vollendete Filialkirche, feingliederiges Sternrippengewölbe, verblasste Außenfresken. Vom Großen Leppleskofel großartiger Ausblick über die Lasörlinggruppe zum firnblinkenden Tauernhauptkamm, überdies die majestätische Gestalt des Hochgall, Teile der Dolomiten, der Venediger-, Hochschober- und Glocknergruppe. Das Gipfelkreuz, 12 m hoch, wurde 1968 errichtet, von Stürmen zweimal weggerissen, verkürzt und ist seitdem »standhaft«.

An der Ochsenlacke vorbei geht es auf den Großen Leppleskofel.

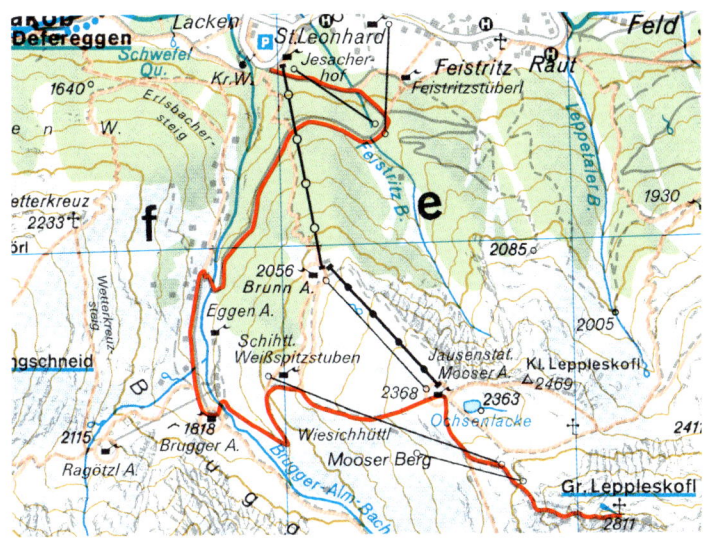

An der Südseite des Parkplatzes in **St. Jakob**, rückseitig der Seilbahn-Tal-station, wandern wir auf dem breiten Fahrweg bis zur Gabelung; dort rechts halten und in 4 km zur **Bruggeralm**, 1818 m. Den Bruggeralmbach über-schreiten und noch ¼ Std. talein. Dann spitzwinkelig nach links und schräg durch Alpenrosenfelder und schüttere Lärchengruppen ansteigen. Vor der nur im Winter geöffneten Weißspitzhütte, 2010 m, wenden wir uns beim Weißspitzlift nach rechts und gelangen in 50 Min. zum Panoramastüberl **Mooseralm**, 2345 m (etwas weiter oben die flache Ochsenlacke, 2363 m, südwestl. jenseits des Hochtals die markante Weiße Spitze). Hinab in die Senke unterhalb der Sesselbahn-Bergstation (Wegzeiger »Gr. Lepplesko-fel«) und südwärts mit den rot-weißen Farbzeichen weiter. Nach knapp 10 Min. an der Gabelung halten wir uns links (rechts Ochsenlenke – Degen-hornsee) an den stumpfen Nordwestrücken des Bergs. Die Almspitzhütte, ca. 2500 m, ist nur winters bewirtschaftet. In halber Höhe des Blockkars zeugt eine kleine, gut erkennbare Stirnmoräne von glazialer Vergangenheit. Es geht merklich steiler mittels Kehren ¼ Std.durch ein Blockkar ins »Sattel-le«, 2610 m. Leicht links haltend gewinnt die Route den felsigen Gratrücken und folgt ihm auf den **Großen Leppleskofel**, von den Einheimischen auch »Almspitz« genannt. Am Kreuz das Gipfelbuch und eine Bergwacht-Spendenkassette.

Der Abstieg erfolgt auf dem Anstiegsweg.

16 Wassererlebnisweg St. Jakob

Hang- und Flusswanderung in Defereggen

St. Jakob – Mariahilf – Wassererlebnisweg – St. Jakob

Talort und Ausgangspunkt: St. Jakob, 1389 m, Nationalparkgemeinde, Defereggen-Hauptort im hinteren Tal an der Mündung des Trojeralmbachs. Das Gemeindegebiet (13 Ortsteile) umfasst 18.595 ha. Von Huben/Iseltal 22½ km, von Lienz 45 km (nächster Bahnhof). Postbusse.
Gehzeiten: St. Jakob – Trojer Mühle 40 Min., Trojer Mühle – Hof Ede 20 Min., Hof Ede – Mariahilf 35 Min., Mariahilf – Staller Wasserfall ¼ Std., Wasserfall – St. Jakob 65 Min. Gesamtzeit knapp 3 Std. (ohne Kleinen-Wassererlebnis-Rundweg).

Höhenunterschied: 300 m.
Höchster Punkt: Außerberg, ca. 1600 m.
Anforderungen: Unschwierige Rundwanderung. Hangweg und Wasserfallzugang bei Nässe stellenweise rutschig.
Einkehrmöglichkeiten: Mariahilf; Bad Grünmoos.
Sehenswertes: Trojer Mühle, Getreidemahlen Mitte Juni bis Mitte Sept. jeden Do 9–12 Uhr. Erste Deferegger Erlebnis-Schnapsbrennerei in Macher's Landhotel, Führung und Verkostung (Voranmeldung Tel. 0 48 73/63 63). S. außerdem Tour 17.

Der »Wassererlebnisweg« erschließt zwischen Stalle- und Brugger Almbach am einstigen Überschwemmungsstrich ein naturkundliches Juwel. Zum Verständnis trägt die Broschüre »Naturführer Wassererlebnisweg« bei (erhältlich beim Tourismusverband).

Von **St. Jakob** wie bei Tour 17 in 40 Min. zur Trojer Mühle, ca. 1560 m. Nun auf einem Weglein weiter, in 5 Min. hoch zu einem Stadel. Davor geht es links entsprechend dem Panoramaweg. An der Gabelung entschließt man sich für den oberen Weg. Am ersten Haus von **Außerberg** übernimmt uns ein Fahrweg. Bei der nächsten Linkskurve gilt rechts das untere Sträßchen, begleitet von Bergbauernhöfen. Nach insgesamt knapp einer Stunde

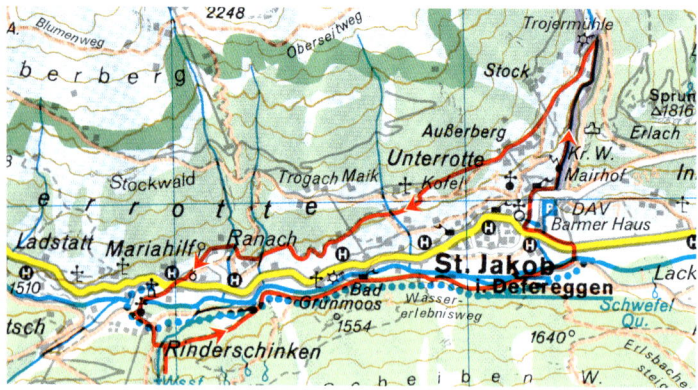

zweigt links das Sträßchen ab zu dem 1899 erbauten Hof **Ede**, 1578 m, der Familie Leitner. Fortsetzung an der Westseite des Hofes, rechts des Kreuzes. Auf schmaler Spur die Hänge traversieren und über den Stoanabach. Kurzes, seilgesichertes Stück! Im Südwesten besticht das pyramidenähnliche Kahorn. Vorbei an einem teilweise aufgelassenen Anwesen zum Leitenhof, 1480 m. Weiter rechts halten. Bei den Häusern von Ranach erreichen wir einen Fahrweg. Kurz vor der Pension Ledererhof im Streuweiler Oberrotte sind links unterhalb die beispielhaften, zum **Haus des Wassers**, 1440 m, gehörenden Anlagen: Bildungseinrichtung für die Jugend Europas nach den Richtlinien der 1999 gegründeten mobilen Wasserschule Nationalpark Hohe Tauern.

Ein kurzer Stichweg erschließt den Stallebach-Wasserfall.

Der Fahrweg wird unterhalb der Pension Ledererhof in einer Linkskurve rechts verlassen. Der Wiesenpfad mündet in die Talstraße, rechts geht es nach Mariahilf, 1422 m. An der Gabelung beim Zollwirt (Postbushaltestelle) läuft man geradeaus an der Kapelle Unser Herr im Elend vorbei. Links bietet Familie Troger (Haus Nr. 67) einen Milchautomaten. Weiter über die Schwarzach. Nach der Wallfahrtskapelle **Mariahilf** (außen Votivtafeln) von 1669 wenden wir uns im Ortsteil Rinderschinken nach links. An der folgenden Gabelung rechts halten. Ein Stück vor dem Haus mit der Aufschrift »Hoc erat in votis« (s. Tour 18) geht es beim Brunnentrog nach links. In den Wald und zum Holzsteg in Sichtweite des **Stallebach-Wasserfalls**, wohin am anderen Ufer rechts ein Stichweg in 5 Min. führt. Zurück und orografisch rechts des Bachs auf den Talboden und an die Schwarzach. Talaus auf breitem Weg zum traditionsreichen Gasthof **Bad Grünmoos**, vormals Schwefel-, Eisen- und Kohlesäurebäder. Vor der Sanderbrücke geht es rechts weiter zum kindgerecht gestalteten Spielplatz Sander Ebene. Rechts folgen das Biomasse-Fernheizwerk (Kletterwand). Weiter diesseits der Schwarzach bis zur Einfangbrücke wandern. Nun entweder noch den Kleinen **Wassererlebnisweg** (2 km, 4 Pulttafeln) erkunden oder über die Brücke und links nach **St. Jakob**.

17 Rudolf-Kauschka-Höhenweg

Neue Reichenberger Hütte von Süden

St. Jakob – Rudolf-Kauschka-Weg – Neue Reichenberger Hütte – Trojeralmen – St. Jakob

Talort und Ausgangspunkt: St. Jakob, 1389 m, Nationalparkgemeinde, Hauptort von Defereggen auf einer Talweitung an der Trojeralmbach-Mündung. Gemeindegebiet (13 Ortsteile) auf 18.595 ha. Von Huben/Iseltal 22½ km, von Lienz 45 km (nächster Bahnhof). Postbusse.
Gehzeiten: St. Jakob – Durfeldalm 2¾–3 Std., Durfeldalm – Neue Reichenberger Hütte 1¼ Std., Neue Reichenberger Hütte – St. Jakob 3 Std. Gesamtzeit 7–7¼ Std.
Höhenunterschied: 1200 m.
Höchster Punkt: Neue Reichenberger Hütte, 2586 m.
Anforderungen: Unschwierige Rundtour in alpine Region. Trittsicherheit notwendig.
Einkehrmöglichkeiten: Neue Reichen-

berger Hütte (DAV, Unterkunft, Mitte Juni bis Ende September, Winterraum); Jausenstation Trojeralm (Mai bis Oktober).
Sehenswertes: An der Hauptstraße das Handelshaus, entstanden 1627 als Bergbau-Verwaltungssitz. Postamt und Nationalparkstützpunkt bzw. Erlebnisausstellung »Zirben – Wald – Grenze« (Juli– September täglich außer So. 8–18 Uhr). Mustergültiges, 2005 gegründetes Archäologisches Talschaftsmuseum, geöffnet 9–20 Uhr. St. Leonhard (2 km, siehe Tour 15). Siehe außerdem Tour 16.
Wissenswertes: Rudolf Kauschka aus dem böhmischen Reichenberg war ein Erschließer des westl. Lasörling- und Panargenkamms; unter seiner Regie entstand 1926 die Neue Reichenberger Hütte.

Das entlegene Tal des Trojeralmbachs war einst Grenze zwischen der Grafschaft Görz und dem Erzstift Salzburg.

In **St. Jakob** folgt man zwischen Handelshaus und Tourismusverband dem Sträßchen. Rechts über den Trojeralmbach, zum Pavillon (Museum) und links zum **Wanderparkplatz** beim E-Werk. Vor der Brücke wandern wir geradeaus auf dem Wirtschaftsweg in die Klamm (Steinschlaggefahr!), identisch mit dem »Wassererlebnisweg« (siehe Tour 16). Etwa eine Viertelstunde nach dem E-Werk erinnert rechts am Fels eine Tafel an Rudolf Kauschka. Und nach einer weiteren Viertelstunde liegt jenseits des Baches das malerische kleine Ensemble der **Trojer Mühle**, ca. 1560 m; siehe Tour 16. Rechts des Fahrweges zweigt eine Spur ab, welche das Sträßchen abkürzt und nach gut 10 Min. wieder mündet. Bald geht es rechts auf der Waldebrücke, 1667 m, erneut über den Trojeralmbach. Nach 200 m (Stadel) beginnt – knapp 1 Std. von St. Jakob – der spitzwinkelig rechts abzweigende **Rudolf-Kauschka-Weg**, lange Zeit ein Weg der Knappen zu den sechs Gruben südl. der Blindisspitze (wohin bei ca. 2100 m in der Linkskurve rechts eine Spur im Einschnitt des Blindisbaches ausschert, 35 Min. Hinweg. Funde im Museum St. Jakob). Über den Rudolf-Kauschka-Weg (Mark.-Nr. 313) zur **Durfeldalm**, 2295 m. Nach ¼ Std. am Wegende über zwei Abflüsse des Oberen Kesselsees, der 170 m höher in einem Kar liegt. Im Auf und Ab die

Flanken traversieren. Zuletzt steil zur **Neuen Reichenberger Hütte**, 2586 m (mit Rudolf-Kauschka-Gedenktafel) unweit des 300 m langen Bödensees an einem der großartigsten Plätze der Lasörlinggruppe – fesselnder Panoramablick auf Hohe Tauern und Großvenediger von der 5 Min. entfernten Bachlenke.

Zurück zur Wegegabel. Dort rechts, einen verfallenen Hirtenunterstand und die Heinzenquelle streifend, durch Alpenrosenfelder und Buschwerk in ca. 1 Std. zur Hinteren **Trojeralm**, 2001 m, auf einer Hangnase. Über ein Forststräßchen auf der Talebene durch Zirbenwald zur Vorderen Trojeralm, 1815 m, und zur **Jausenstation Trojeralm**, 1818 m. Weiter zur Waldebrücke an der bekannten Route und nach **St. Jakob** zurück.

18 Alpe Stalle, 1714 m – Jesachalm, 2000 m

Almenromantik in Defereggen

Mariahilf – Alpe Stalle – Jesachalm – Mariahilf

Talort: Mariahilf, 1423 m, Ortsteil von St. Jakob (3½ km) im hinteren Defereggental. Postbusse Anfang Juli bis Anfang Oktober.
Ausgangspunkt/Parkmöglichkeit: Wallfahrtskirchlein Mariahilf im Ortsteil Rinderschinken. Anfahrt und Zugang: Beim Zollwirt (Postbushaltestelle) von der Hauptstraße links ab und südostwärts über die Schwarzachbrücke zu den Parkplätzen.
Gehzeiten: Mariahilf – Alpe Stalle 1 Std., Alpe Stalle – Jesachalm 1¼ Std., Jesachalm – Mariahilf 1½ Std. Gesamtzeit 3¾ Std. (Taxi-Dienst von St. Jakob zur Alpe Stalle, Tel. 48 73/52 97 oder 52 33.)
Höhenunterschied: 580 m.
Höchster Punkt: Jesachalm, 2000 m.
Anforderungen: Unschwierige Rundwanderung, größtenteils im Wald.
Einkehrmöglichkeiten: Jausenstation Alpe Stalle und Wildererstüberl (Mitte Mai bis Ende Oktober); Jesachalm (zur Almzeit Milch, Butterbrot).

Sehenswertes: Wallfahrtskapelle Mariahilf, geweiht 1669. Am beschilderten Weg zum Wasserfall das Holzhaus des ehemaligen Wiener Burgtheaterdirektors Adolf Rott. Oberhalb der Alpe Stalle das einladende »Senner Stoffel's Rast'l« mit Kruzifix. Der Stallebach-Wasserfall (siehe Tour 16).

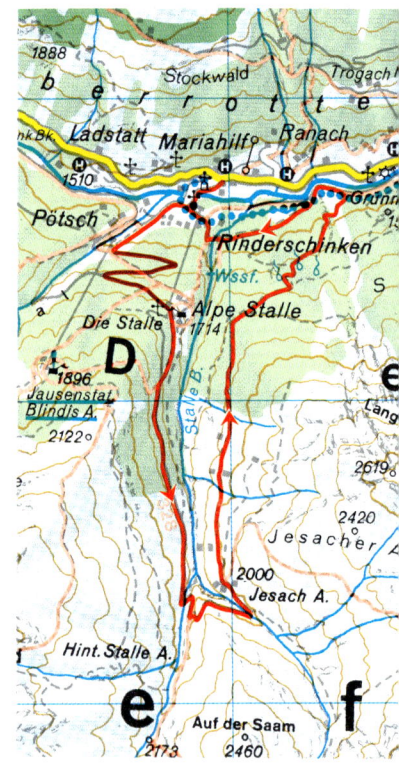

Die Jausenstationen bieten leckere Schmankerl an wie Tiroler Knödel, Kasnockn, Schlipfkrapfen, hausgemachte Apfel- und Topfenstrudel sowie Schwammerlsuppe in der Pilzsaison.

Westl. des Kirchleins in **Mariahilf** nehmen wir das Asphaltsträßchen, steigen über den Lappach (¼ Std.) und gehen im Ortsteil Pötsch bis zum Ende der Teerdecke.

Links nochmals über den Lappach und nun auf dem Naturfahrweg, einer Mountain-Bike-Piste, aufwärts. Er beschreibt – Abkürzer möglich – im Tannenwald zwei lange Schleifen. Bänke laden zum Verweilen

Blick vom Weiler Pötsch in das Tal des Stallebachs (rechts); links die Langschneid.

ein, ehe man eine ¾ Std. später das vielleicht reizvollste Defereggen-Almdörfchen, die Vordere Stalle, erreicht mit den Jausenstationen **Alpe Stalle** und **Wildererstüberl**.

Anschließend gehen wir flacher als bisher weiter auf dem Fahrweg taleinwärts. Ungefähr nach 1 Std. sind wir beim Stallebach – jenseits die rechts abgehende Mark.-Nr. 328 (Pfoisattel, Hochkreuz) als Aufschrift an einem Felsblock sowie die Richtungsangabe via **Jesachalm**, der wir folgen.

Der Abstieg erfolgt links des Fahrwegs nördl. durch die steile Hanglehne, vorerst in leichtem Gefälle, einige Bachläufe querend. Allmählich verdichten sich die Forste, und das Gelände wird steiler. Vollends hinunter zum Wassererlebnisweg St. Jakob (siehe Tour 16) bei Station 18, ca. 20 Min. vor dem Ausgangspunkt. Von der Rastbank links parallel zur Schwarzach und an der Gabelung links. Es folgen einige Trimm-Stationen der »Forstmeile«, ehe man wieder in **Mariahilf** ankommt.

19 Oberseitsee, 2576 m

Ein paradeisischer Erdenwinkel

Erlsbach – Erlsbacher Alm – Seespitzhütte – Oberseitsee

Talort und Ausgangspunkt: Erlsbach, 1555 m, Weiler bzw. Ortsteil von St. Jakob, 6 km talein. Von Lienz 51 km (nächster Bahnhof). Postbusse werktags 2. Juliwoche bis 1. Oktoberwoche. Parken 350 m hinter dem Gasthof Alpenrose an der Schwarzachbrücke.
Gehzeiten: Erlsbach – Erlsbacher Alm 1¾ Std., Erlsbacher Alm – Seespitzhütte ¾ Std., Seespitzhütte – Oberseitsee 40 Min., Oberseitsee – Erlsbach 2 Std. Gesamtzeit 5¼ Std.
Höhenunterschied: 1030 m.

Höchster Punkt: Oberseitsee, 2576 m.
Anforderungen: Markierte, beschilderte Wege und Pfade, steil hinauf bis zur Erlsbacher Alm.
Einkehrmöglichkeit: Seespitzhütte (privat), Unterkunft, Mitte Juni bis Ende September; kürzester Weg ca. 2 Std. vom Gasthaus Jägerstube in Trogach, Asphaltsträßchen 3 km von St. Jakob.
Hinweis: Broschüre über den Blumenweg Oberseite (erklärt 20 Stationen) erhältlich im Tourismusverband St. Jakob.

Die Tour durchzieht Süd- und Südosthänge, sodass sie bis zur Hütte vergleichsweise schon früh im Jahr begangen werden kann.

Die Seespitzhütte; im Hintergrund die kühn gestaltete Seespitze.

Links des Gasthofs Alpenrose in **Erlsbach**, links des Gästehauses Michelitsch, steigen wir an. Vor der Frühstückspension Fürhapter geht es rechts etwa 100 m. Dann scharf links (Wegetafeln) und mit dem Pfad in den steilen, dichten Hochwald. Kehrenreich ansteigen, die »Lehern Schupfen« (Heuhütten) streifend. Linker Hand rauscht in klammartiger Schlucht der Erlsbach. Im Westen grüßt der eisige Hochgall. Ungefähr nach 1¼ Std. lichtet sich der Zirbenwald und man betritt den Nationalpark Hohe Tauern. Nun auf üppigen Almwiesen flacher weiter, vorbei an einem Gedenkkreuz, zur **Erlsbacher Alm**, 2189 m. Kurz vor der Hütte geht es rechts zum 1987 von der Gemeinde St. Jakob und der Nationalparkverwaltung eröffneten **Blumenweg Oberseite**, ein Lehrpfad nach bzw. von St. Jakob. Er quert als deutliche Spur die steilen, stellenweise felsdurchsetzten Stangenmähder oberhalb des südseitig überhängenden Schermkofels. Die Route beschreibt auf den Wiesen der Rommisfelder links haltend einen Halbkreis um den Fuß des Weitstrahls und gewinnt die ausgedehnte Hangmulde, über

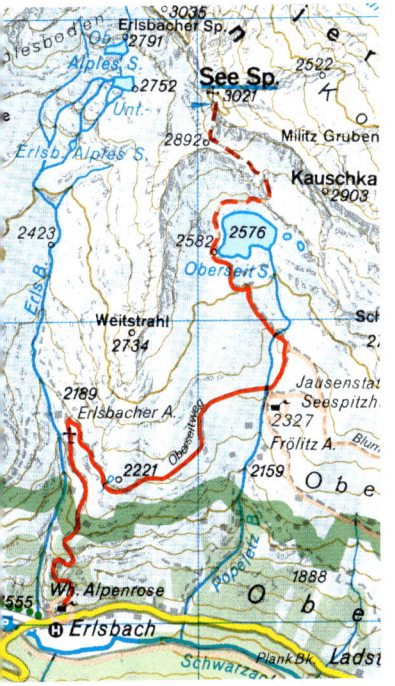

welcher nordöstl. das Kauschkahorn wacht. Zuletzt über den Popeletzbach zu der 1990 von Roland Walburger, heimisch in St. Jakob, erbauten **Seespitzhütte**, 2327 m, oberhalb der Felitzalmhütte. Die Versorgung erfolgt Anfang der Saison durch einen Hubschrauber (haltbare Güter), Verderbliches wie Brot etc. wird von Gasser-Kofel hochgetragen. Nun nördl. über felsdurchsetzte Wiesen in ca. 50 Min. empor zur Südwestecke des von einer eiszeitlichen Moräne gebildeten, bis 22 m tiefen **Oberseitsees**. (Die Besteigung der den Seekessel überragenden Seespitze, 3021 m, im südöstlichsten Panargenkamm erfordert Trittsicherheit und Schwindelfreiheit, leichte Kraxelei; 1½ Std. Über die Schlüsselstelle, eine Platte, hilft eine Eisenkette. Steinschlaggefahr durch Vorausgehende. Ein Trost bei größerem Andrang: auf dem Gipfel haben gut und gerne vierzig Leute Platz!) Der Abstieg erfolgt auf dem Anstiegsweg.

20 Jagdhausalm, 2009 m

Zirbenwälder im Tal der Schwarzach

Erlsbach – Patscherhütte – Naturlehrweg – Alpengasthof Oberhaus – Jagdhausalm

Talort: Erlsbach, 1555 m, letzte Siedlung im Defereggental, 5½ km von St. Jakob, 50½ km von Lienz (Bahnhof).

Ausgangspunkt: Wanderparkplatz, 1560 m, ca. 400 m hinter Erlsbach, an der Südseite der Schwarzachbrücke. Rast-

platz. Postbushaltestelle, werktags 2. Juliwoche bis 1. Oktoberwoche.

Gehzeiten: Parkplatz – Patscherhütte ca. 1 Std., Patscherhütte – Alpengasthof Oberhausalm 35 Min., Alpengasthof Oberhausalm – Obere Seebachalm

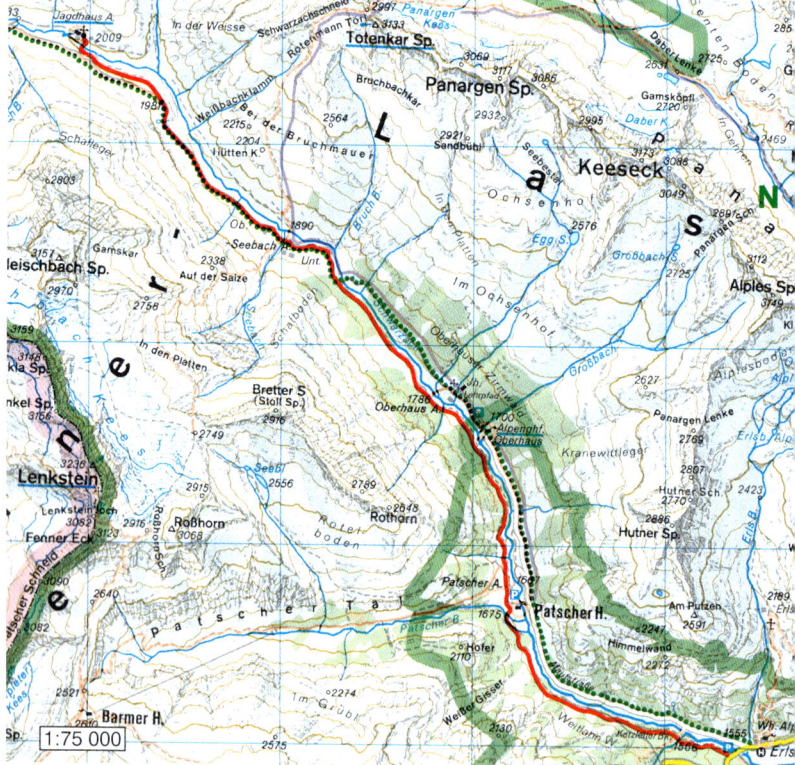

1:75 000

56

1 Std., Obere Seebachalm – Jagdhausalm 1 Std., Rückweg 3 Std. Gesamtzeit gut 6½ Std.
Höhenunterschied: 500 m.
Höchster Punkt: Jagdhausalm, 2009 m.
Anforderungen: Unschwierige Talwanderung. Als Ausgangspunkte auch Patscherhütte (asphaltierte Mautstraße, siehe Tour 21) oder Oberhausalm.
Einkehrmöglichkeiten: Patscherhütte (Berggasthof, Unterkunft, Mitte Juni bis Mitte Oktober); Alpengasthof Oberhaus (Unterkunft, Mitte Juni bis Mitte Oktober, am Ende der 5 km langen mautpflichtigen Talstraße, ausgehend vom Parkplatz 400 m hinter Erlsbach an der Staller-Sattel-Straße); Jagdhausalm (sommers Milch, Butterbrot, Getränke etc.).
Sehenswertes: Zirbenwälder (Bäume bis 500 Jahre alt und bis 22 m hoch). Die Jagdhausalm gilt als älteste Alm Öster-

Bei der Patscherhütte.

reichs, 1212 erstmals erwähnt, ganzjährig bewohnt bis 1338, 1406 vollends abgesiedelt, seither Alm; alljährlich Viehtrieb von und nach Südtirol über das Klammljoch.

Vom Parkplatz in **Erlsbach** am Südufer der Schwarzach auf schattigem, teils feuchtem Weg talein. Die Linksabzweigung (zum Staller Sattel) bleibt unbeachtet. Nach einer ¾ Std. kreuzt unsere Route die Steinbruch-Zufahrt und führt wenig später über den Patscherbach zur **Patscherhütte**, 1675 m, an der Mündung des Patscher Tals. An der Nordseite der Hütte auf steinigem Fahrweg ansteigen. Bei den Wegweisern unterhalb eines großen Stalls halten wir uns rechts (geradeaus zur Barmer Hütte, siehe Tour 21) – Tafel **Naturlehrweg**-Rundwanderung. Mäßig bergan erneut zur Schwarzach und entlang ihrem Ufer. Der **Alpengasthof Oberhausalm**, 1786 m, bleibt rechts, jenseits oberhalb des Talbachs, ebenso der »Oberhauser Zirmwald« (Lehrpfad; größte ostalpine Zirbenbestände, Brutstätte von 30 Vogelarten). Weiterhin diesseits der Schwarzach, in der absoluten Ruhe- und Wanderzone des Tals sowie auf einem Teil des Lehrwegs Oberhauser Zirbenwald. Man stößt auf den Talfahrweg (mit dem sich der Kulturweg rechts wendet). Er bringt uns zu den Seebachalmen, welche der Keesbach (Wasser vom Fleischbachkees) trennt. Links steht abseits die Untere Seebachalm. Im Folgenden die Obere Seebachalm, 1879 m. Wir streben leicht ansteigend der Talverengung entgegen. Ca. eine ¾ Std. hinter der Oberen Seebachalm an der Gabelung rechts auf dem unteren Weg hin zum Arventalbach, über dessen jenseitigem Ufer die **Jagdhausalm** steht.
Zurück wie auf dem Hinweg. Wer vom Alpengasthof Oberhausalm auf der Naturstraße zurückwandert, kann diese nach ¼ Std. rechts auf einem Wanderschutzweg (Wegweiser) abkürzen bis 5 Min. vor die Patscherhütte.

21 Barmer Hütte, 2610 m

Aufstieg durchs Patscher Tal

Patscherhütte – Patscher Tal – Barmer Hütte

Ausgangspunkt: Patscherhütte, 1665 m, Berggasthaus an der Mündung des Patscher Tals (Unterkunft, Mitte Juni bis Mitte Oktober, Mi. Ruhetag). Mautstraße (3½ km) von der Abzweigung (Postbushaltestelle werktags 2. Juliwoche bis 1. Oktoberwoche, Parkplätze), 400 m hinter Erlsbach; Frühsommer und Spätherbst bleibt das Mauthäuschen erfahrungsgemäß unbesetzt! Parken diesseits der Schwarzach. Zu Fuß in 50 Min. (siehe Tour 20).

Gehzeiten: Patscherhütte – Barmer Hütte ca. 3 Std., Barmer Hütte – Patscherhütte ca. 2¼ Std. Gesamtzeit 5¼ Std.

Höhenunterschied: 950 m.

Höchster Punkt: Barmer Hütte, 2610 m.

Anforderungen: Unschwierige Wanderung; markiert und beschildert. In Hüttennähe häufig noch im Sommer kleine Firnfelder zwischen Granitblöcken.

Einkehrmöglichkeit: Barmer Hütte, 2610 m (DAV, Mitte Juni bis Ende September, Unterkunft, Winterraum, Bio-Toilette, 5 Lager).

Sehenswertes: Unweit der Hütte die Rampleterwand bzw. ein »Klettergarten« bis 160 m Wandhöhe für alpine Ausbildungskurse mit Schwierigkeiten zwischen dem II. und VIII. Grad (UIAA-Skala). Klebehaken (Standplätze, Zwischenhaken und Abseilstellen).

Den Besuchern der Hütte genügt meist der Zugang als solcher, einer der schönsten seiner Art in der Rieserferngruppe – »Extreme« wählen bei guter Firnlage im Frühsommer als »Sahnehäubchen« die bis gut 45 Grad steile »Große Rinne« des 3436 m hohen Hochgall (Verhältnisse erfragen, aus Deutschland Tel. 00 43/664/94 89 413).

Vom Parkplatz über die Schwarzachbrücke. An der **Patscherhütte**, 1675 m, rechts vorbei auf dem für den öffentlichen Verkehr gesperrten rauen Fahrweg (Wegweiser) hinauf, rechts haltend, aber bald links einschwen-

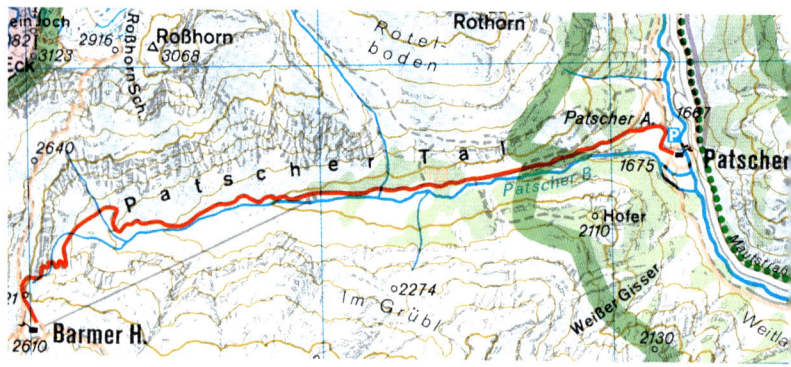

Die Barmer Hütte, sowohl Ausflugsziel als auch Stützpunkt für den Hochgall.

ken. Im Wald in angenehmer Steigung über die Steilstufe ins urgewaltige, tief eingerissene, mit z. T. uralten Lärchen schütter bestandene **Patscher Tal**. Das Melcherhüttl passieren. Nach ca. 1 Std. lichtet sich der Wald (rechts eine Abzweigung ins Seeblbachtal zum verschwiegenen kleinen Gewässer Seebl; 1¼ Std.). Wir wandern geradeaus weiter. Der Fahrweg ist an einer Stelle aus dem Fels gesprengt. Die Talsohle wird flacher, und kurz hinter der Materialseilbahn-Talstation, 1992 m, endet der Karrenweg. Linker Hand (1000 m höher) das Almerhorn. Wir folgen den Farbzeichen in den Hintergrund des vor langer Zeit von einem Bergsturz heimgesuchten Hochtalkessels und, in der rechten Talflanke, überqueren mehrere Rinnsale hin zum Riegel des Talschlusses. Dort über Kehren (Granitplatten und ausgelegte Stufen) empor zu den Kellermauern der ersten, 1900 durch die AV-Sektion Barmen erstellten, 1926 erweiterten Barmer Hütte (sie wurde im Juni 1956 von einer Lawine hinweggefegt). Die neue, etwa 80 m höher stehende Hütte von 1960 vor Augen setzen wir den Anstieg noch kurz talein fort. Nachfolgend links haltend hinauf zum Felsplateau im Gletschervorfeld mit der (Neuen) **Barmer Hütte**, die 2000 das »Hundertjährige« feierte, seit 2004 geführt vom österreichischen Berg- und Skiführer Herbert Mayerhofer und seiner Familie.
Der Abstieg erfolgt auf dem Anstiegsweg.

22 Deferegger Pfannhorn, 2820 m

Grenzgipfel zu Südtirol

Wanderparkplatz – Erlasboden – Hirschbichl – Schmelzgrube – Deferegger Pfannhorn

Ausgangspunkt und Parkmöglichkeit: Wanderparkplatz, 1914 m, an der Staller-Sattel-Straße nordöstl. der Staller Alm, 5½ km von Erlsbach; Postbushaltestelle 400 m nördl., werktags 2. Juliwoche bis 1. Oktoberwoche.
Gehzeiten: Parkplatz – Deferegger Pfannhorn 2¾ Std., Abstieg knapp 2 Std. Gesamtzeit knapp 4¾ Std.
Höhenunterschied: 930 m.

Höchster Punkt: Deferegger Pfannhorn, 2820 m.
Anforderungen: Am Gipfelaufbau Trittsicherheit und Schwindelfreiheit notwendig; stellenweise müssen die Hände zu Hilfe genommen werden. Gefährlich bei Neu- oder Altschnee infolge nordseitigem Gipfelgang bzw. Schnee im ostwärts gerichteten Kar.
Einkehrmöglichkeit: Keine.

»Corno Fana« lautet der italienische Name des Deferegger Pfannhorns im Grenzkamm zu Italien, alpingeografisch im Schindelholzer Kamm der Villgratner Berge bzw. Deferegger Alpen mit einer großartigen Aussicht: nördl. die Sonnenflanken des Panargenkamms bzw. der gesamten Lasörling-gruppe; nordwestl. die Gletschergipfel der Rieserfernergruppe, südöstl. die Konturen der Sextener Dolomiten und weit im Osten der Großglockner.

Vom **Wanderparkplatz** (die Wegweiser »Lappach-Alm, Blindisalm, Alp Stalle, Jesachalm« ignorierend) gehen wir abwärts (Fahrspur), nehmen den Staller-Almbach-Steg und halten uns danach mit rot-weißen Farbzeichen halb links. Schräg ansteigend im Hang, anfangs über Alpenrosenteppiche und später durch Grünerlengebüsch.

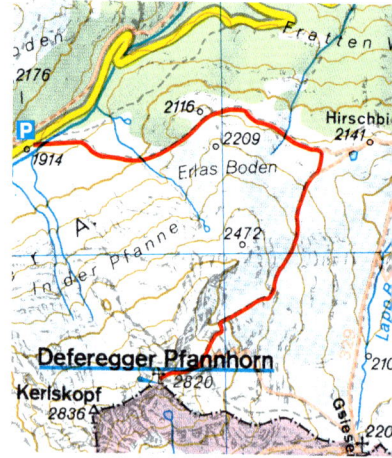

Nach dem Speikbodenbachl wird es zunehmend steiler. Es folgt das **Schartenmoos**, ein verlandetes Seelein. Wir erreichen den mit Zirben und Lärchen bewachsenen idyllischen **Erlasboden**, 2116 m. Streckenweise fast eben in ¼ Std. bis in die Wiesenmulde, 2120 m, vor dem licht bewaldeten **Hirschbichl** und dem Biotop **Planklacke**. Dort wurde 1987 ein mittelsteinzeit-

Das Deferegger Pfannhorn stellt ein entlegenes Tourenziel dar.

liches Jägerlager entdeckt: bisher ältester Nachweis von Menschen in der Nationalparkregion (Funde im Museum St. Jakob).

Aus der Mulde biegt man rechts (rote Mark.-Holzpflöcke) in Südrichtung ein. Es geht wieder spürbar (undeutliche Spuren) bergan über den Großboden. Ca. 1 Std. nach dem Hirschbichl öffnet sich halb rechts das Weittal. Es wird von der **Schmelzgrube**, einem steilen Hochkar, abgelöst. Links davon folgen wir zunächst einem Rücken (links abzweigende Farbzeichen bleiben unbeachtet). Vor einem Felsaufschwung links und über Blockwerk auf einen z. T. exponierten Rücken. Er geht weiter oben in einen Blockgrat über, von dem sich die Markierungen rechts abwenden. Zuletzt über kehrenreiche Steigspuren in feinem Sand steil zum Vermessungszeichen, Kreuz und Wanderstempelkasten auf dem **Defereggger Pfannhorn**. Südwestl. ragt der Kerlskopf auf, mit 2836 m der höchste Gipfel des Schindelholzer Kamms. Östl. unterbricht das Gsieser Törl den Grenzkamm.

Der Abstieg erfolgt auf dem Anstiegsweg.

23 Almerhorn, 2986 m

Ein Gerade-noch-Wandergipfel

Gasthaus Oberseehütte – Jägerscharte – Almerhorn

Ausgangspunkt/Parkmöglichkeit: Gasthof Oberseehütte, 2016 m, unterhalb des Staller Sattels, am Obersee nördl. der 1974 fertig gestellten, üblicherweise vom 1. Juni bis 31. Oktober zwischen 6 und 22 Uhr offenen Passstraße; ab 2007 mautpflichtig von Südtirol. Von Erlsbach 6 km, von Lienz 51 km (nächster Bahnhof). Postbusse von Lienz. Abfahrt ins Antholzer Tal (Einbahnverkehr) zwischen voller Stunde und Viertel.

Gehzeiten: Gasthaus Oberseehütte – Jägerscharte 2¼–2½ Std., Jägerscharte – Almerhorn 25 Min., Almerhorn – Gasthaus Oberseehütte ca. 2¼ Std. Gesamtzeit ca. 5 Std.

Höhenunterschied: 980 m.

Höchster Punkt: Almerhorn, 2986 m.

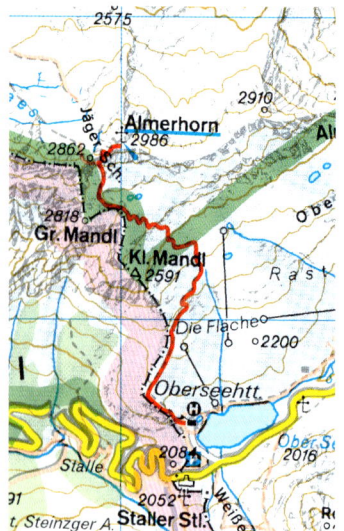

Anforderungen: Markierte, beschilderte Wege und Steige; Trittsicherheit notwendig. Unterhalb der Jägerscharte eine bei Schnee gefährliche Steiganlage (Drahtseile, Eisenstifte); kann durch Lawinen oder Steinschlag beschädigt sein. Wechten an der Jägerscharte möglich, auch Steinschlag durch Vorausgehende.

Einkehrmöglichkeit: Ghs. Oberseehütte.

Sehenswertes: Obersee. Im Jahre 2000 Fund eines um 1070 aus einem Zirbenstamm gefertigten Einbaums (im Talmuseum St. Jakob). Bisher höchstgelegenes archäologisch erforschtes Wasserfahrzeug Europas! See-Rundweg 35 Min. Am Staller Sattel symbolisiert ein 1984 enthülltes Denkmal die Verbundenheit zwischen Defereggen- und Antholzer Tal (»Tirol isch lei oans«).

Wissenswertes: Der Berggasthof Oberseehütte entstand 1959 in der Nachfolge der Kardinal-Islitzer-Hütte.

Die stumpfe Pyramide des Almerhorns ist südöstl. Eckpfeiler der größtenteils in Südtirol gelegenen Rieserfernergruppe. Das Gipfelkreuz hatte 1979 der Katholische Lehrerverband Osttirol aufgestellt. An der Nordseite des Parkplatzes beim **Gasthaus Oberseehütte** zunächst auf eingefurchtem Weglein hoch in den nahen Sattel am Saum des 1988 gegründeten Südtiroler Naturparks Rieserfernergruppe. Links steht das Heldenkreuz. Wir halten uns rechts, weiter bergwärts, nun am Gratrücken parallel zur Staatsgrenze, ca. 20 Min. (großartiger Tiefblick auf den Antholzer See). Bei den obersten Zirben in

Dem Almerhorn vorgelagert: die Almersäulen, gesehen aus dem hinteren Defereggental.

Nordostrichtung, auf der Skipiste weit um das Kleine Mandl herum und, ein Stück vor der Kühbodenlift-Bergstation, nordwestl. in das Geröllkar am Fuß des Almerhorns. Kehrenreich an einem Tümpel, 2780 m, und Lawinenresten (bis in den Sommer) vorbei die blockgefüllte Halde empor.

Links haltend weiter und, ohne die beschilderte Linksabzweigung (zum Großen Mandl, 2818 m) zu beachten, im westl. Teil des Hochkars empor zu Felsen. Hier kurz drahtseilgesichert, dann mit Spuren durch Schrofen (häufig Altschneereste) und mittels einer Steiganlage in die **Jägerscharte**, 2870 m.

Jenseits am schmelzenden Almerkees kurz abwärts, dann rechts (östl.) auf dem ausgetretenen Steiglein ca. ½ Std. am stumpfen Westgrat und links davon in der Geröllflanke durch Blockwerk aufs **Almerhorn**.

Der Abstieg erfolgt auf dem Anstiegsweg.

24 Rotenkogel, 2762 m

Dem Himmel nahe über Matrei

Goldriedbahn-Bergstation – Europa-Panoramaweg – Kals-Matreier-Törl – Rotenkogel – Goldriedbahn

Talort: Matrei, 977 m, im Kessel an der Mündung des Virgentals bzw. an der Felbertauernstraße. Von Lienz 28 km (nächster Bahnhof). Postbusse. Beschilderter Großparkplatz.

Ausgangspunkt/Parkmöglichkeit: Goldriedbahn-Bergstation, 2190 m; Talstation 1 km südl. des Zentrums. Betriebszeiten letzte Juniwoche bis Ende September 9–11.45 Uhr, 13–16.30 Uhr.

Gehzeiten: Goldriedbahn-Bergstation – Kals-Matreier-Törlhaus ¾ Std., Kals-Matreier-Törlhaus – Rotenkogel 2 Std., Ro-

tenkogel – Goldriedbahnbahn-Bergstation ca. 1¾ Std. Gesamtzeit ca. 4½ Std.

Höhenunterschied: Ca. 710 m.

Höchster Punkt: Rotenkogel, 2762 m.

Anforderungen: Breiter Weg ins Kals-Matreier-Törl. Anschließend Pfad. Rotenkogel-Nordgrat stellenweise drahtseilgesichert. Trittsicherheit und Schwindelfreiheit notwendig.

Einkehrmöglichkeit: Kals-Matreier-Törlhaus (privat, Unterkunft, geöffnet wie Seilbahn-Betriebszeiten).

Sehenswertes: Matrei (siehe S. 12).

Der Rotenkogel (links) von Norden.

Vom Rotenkogel, einem der lohnendsten Aussichtsspitzen Osttirols, sollen 70 Dreitausender zu sehen sein! Alle heiklen Stellen sind gesichert – wer sich den Gipfelgang dennoch nicht zutraut, wandert zum Törlhaus (¾ Std.) oder verlängert die Wanderung durch die Runde von Tour 5.

Von der **Goldriedbahn-Bergstation** ist bereits ein Teil des vor uns liegenden **Europa-Panoramawegs** einsehbar. Er steigt gemächlich an, rechts mündet der Pfad des Rotenkogel-Abstiegs. Die Trasse zieht durch den von

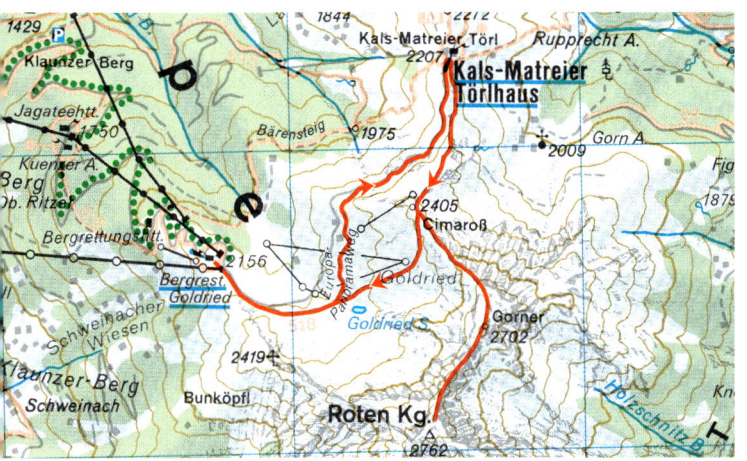

Lawinenverbauungen und Skiliften gestörten Hochtalkessel. Nördl. besticht die geologisch ungewöhnliche Bretterwand der Bretterwandspitze. Westl. lagert das sonnengesegnete Virgental. Nach 25 Min. liegt die erste Steigung hinter uns. Eben dahin und abwärts in 20 Min. zum **Kals-Matreier-Törlhaus**, 2207 m, nördl. des Rotenkogels. Im Nordosten tritt der Großglockner ins Blickfeld, uns zugewandt sein Stüdl(Luisen-)grat, welcher das Teischnitz- (links) vom Ködnitzkees trennt. Südl. aus dem **Kals-Matreier-Törl** schwingt sich der Rasenkamm auf, an dem sich unser rot-weiß bez. Gipfelgang orientiert, anfangs links des Rückens, dann auf ihm. Der ausgetretene Pfad bringt den Wanderer in 35 Min. auf die Cimaroß, 2405 m. Kurz unterhalb des von Weidezäunen gesäumten Kammrückens endet der höchstgehende Matreier Skilift sowie der direkte Zugang von der Seilbahn-Bergstation. Schwach links haltend zum Gorner, 2702 m, erkenntlich an der »Gipfelstange«, die etwas unterhalb passiert wird. Nun nimmt der Rotenkogel-Nordgrat felsige Formen an. Eine dunkle dreikantige Graterhebung, die man links umgeht, ist durch Drahtseile entschärft. Der Steig nutzt geschickt die »Schwachstellen« des Geländes und verläuft beiderseits des Gratverlaufs. Aus einem breiten Geröllfeld gewinnt man die Einkerbung zwischen den Gipfeln. Nach rechts auf die kreuzgekrönte Spitze des **Rotenkogels**. Zurück bis zur Cimaroß-Kuppe, dann scharf links. Die Farbzeichen halten sich zunächst an den Rücken und führen später links haltend durch die steile Flanke und auf begrünter Skipiste weiter abwärts (links versteckt sich der kleine Goldriedsee, 2280 m) zum breiten Europa-Panoramaweg und zur **Goldriedbahn-Bergstation** zurück.

25 Tauerntal-Wanderweg

Durch die Proßeggklamm zum Matreier Tauernhaus

Matrei – Proßeggklamm – Gruben – Matreier Tauernhaus

Ausgangspunkt/Parkmöglichkeit: Matrei, 977 m, an der Mündung des Virgentals bzw. an der Felbertauernstraße. Von Lienz 28 km (nächster Bahnhof). Postbusse. Beschilderter Großparkplatz.
Gehzeiten: Matrei – Proßeggklamm ½ Std., Proßeggklamm – Unterer Steiner Wasserfall 10 Min., Unterer Steiner Wasserfall – Gruben 1 Std., Gruben – Matreier Tauernhaus 3 Std. Gesamtzeit ca. 4½ Std.
Höhenunterschied: 600 m.
Höchster Punkt: Matreier Tauernhaus, 1511 m.
Anforderungen: Unschwierige Streckenwanderung. Seit 2005 bis auf weiteres gesperrt wegen Steinschlag! Rückkehr per Postbus; Haltestelle an der Felbertauern-

straße 2½ km vom Matreier Tauernhaus. Weiterweg ins Innergschlöß siehe Tour 47.
Einkehrmöglichkeit: Matreier Tauernhaus.
Sehenswert: Matrei (siehe S. 12). Proßeggklamm. Matreier Tauernhaus mit St.-Bartholomäus-Kapelle.

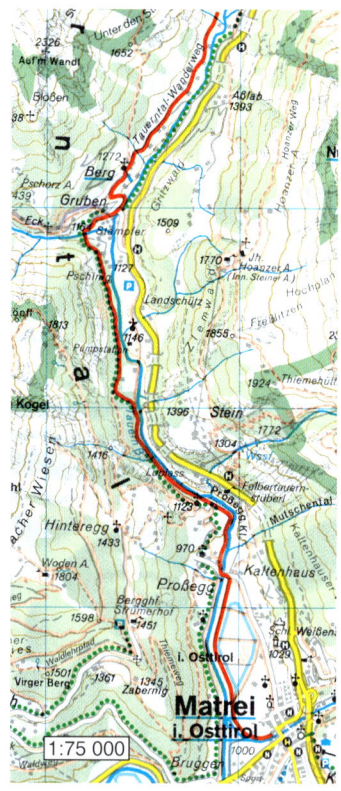

Die Proßeggklamm des Tauernbachs gilt als der eindrucksvollste begehbare Talweg in Osttirol.
In **Matrei** am zentralen Rauterplatz auf dem Wohlgemuthsweg über mäßiges Gefälle zum Tauernbach. Auf dessen Dammweg rechts – östl. Burg Weißenstein – knapp 20 Min. weiter zur Brücke von Proßegg, 945 m. Am anderen Ufer nach rechts, neben dem Tauernbach in die **Proßeggklamm** und auf dem rot-weiß markierten Tauerntal-Wanderweg (TWW) weiter. Am überhängenden Fels sichern streckenweise Holzgeländer den Weg. Paukenschlag: Unterer Steiner Wasserfall (120 m hoch), das Herzstück der Klamm. An ihrem Ende stößt unsere Wanderung bei einer Bachbrücke auf die schon in der Römerzeit begangene Felbertauern-Säu-

merroute. Wenig später bleiben rechts die Tauernbach-Hängebrücke, 1084 m, sowie der Fahrweg zur Pumpstation der Transalpinen Ölleitung unberücksichtigt. Wir gewinnen links im Wald an Höhe und erreichen den zauberhaften Weiler **Gruben**, 1164 m. Nach dem Brunnen links haltend auf dem Fahrsträßchen in ¼ Std. nach **Berg**, 1273 m. Von der Sebastiankapelle

Der Untere Steiner Wasserfall über der Proßeggklamm.

in knapp einer ¾ Std. zu den Almen von Raneburg, 1267 m, bei denen der Tauernbach überschritten wird. Auch 35 Min. später in Landegg, ca. 1310 m, gab es einst ein Sägewerk und eine Wirtschaft. Durch Wald hoch zu einem Fahrweg. Links, beim Rastplatz, die Autostraße betreten, dann wieder auf der Säumerroute weiter. Vor den als Ferienwohnungen genutzten Holzhütten der Schildalm, 1504 m, abermals über den Tauernbach. Ca. ½ Std. später nimmt das Rauschen des Löbbenbach-Wasserfalls an Intensität zu. Links zweigt ein Weg ab zur Badener Hütte, 5 Min. später wendet sich unsere Route nach rechts. Links am Heustadel vorbei, über den Zaun zur Gschlößbachbrücke und weiter zum **Matreier Tauernhaus**, das die Post 2001 von ihrem Busdienst ausgeschlossen hat. Deshalb müssen wir auf dem Rückweg ½ Std. zur Haltestelle an der Felbertauernstraße zurück.

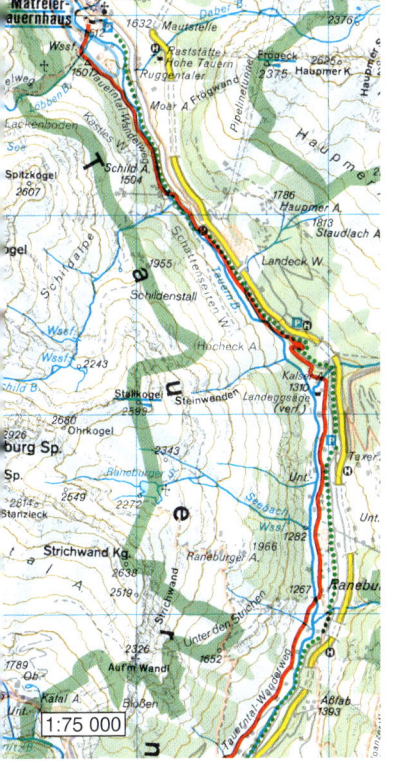

26 Arnitzalm, 1848 m – Zunigalm, 1846 m

Almenwanderung bei Matrei

Parkplatz Guggenberg – Arnitzalm – Ganitzlekreuz – Zunigsee – Zunigalm – Parkplatz Guggenberg

Zwei Jausenstationen, hier die Arnitzalm, versorgen den Wanderer auf der Rundtour.

Talort: Matrei, 977 m, an der Mündung der Isel aus dem Virgental in den Tauernbach bzw. an der Felbertauernstraße. Von Lienz 28 km (nächster Bahnhof). Postbusse. Beschilderter Großparkplatz.

Ausgangspunkt: Parkplatz Guggenberg, 1148 m, südwestl. von Matrei (3½ km über Bichl, asphaltiert, streckenweise schmal), westl. der Zunigbachbrücke.

Gehzeiten: Parkplatz – Arnitzalm ca. 2¼ Std., Arnitzalm – Ganitzlekreuz 1 Std., Ganitzlekreuz – Zunigalm 40 Min., Zunigalm – Parkplatz knapp 1¼ Std. Gesamtzeit ca. 5¼ Std. Die Tour kann erheblich verkürzt werden: Von Matrei mit Almentaxi Ossi (Tel. 06 64/4 31 16 85) bis zum Taxi-Wendeplatz und in 40 Min. zur Arnitzalm. Ossi fährt auch nur Matrei – Parkplatz Guggenberg. Die kürzeste, jedoch reizlo-se Verbindung Arnitzalm – Zunigalm verläuft über den Bärensteinweg (1 Std.).

Höhenunterschied: 1050 m.

Höchster Punkt: Ganitzlekreuz, 2196 m.

Anforderungen: Unschwierige Rundwanderung, z. T. auf breiten Forstwegen.

Einkehrmöglichkeiten: Arnitzalm (letzte Juniwoche bis Ende September); Zunigalm (Unterkunft, zweite Juniwoche bis letzte Oktoberwoche).

Sehenswertes: Bei der Anfahrt zum Parkplatz die Kirche St. Nikolaus (siehe S. 14). In Bichl der »Römerstein« (siehe bei Matrei, S. 12), ein römischer Grabstein. Alte Sägemühle vor dem Parkplatz Guggenberg. Arnitzalm, Kinderbaumhaus in einer 600 Jahre alten Lärche.

Wissenswertes: Bei Guggenberg römische Mauer- und Keramikrelikte.

Auf den beiden aussichtsreich gelegenen Almwirtschaften kann man Küchenspezialitäten aller Art genießen.

Vom **Parkplatz Guggenberg** auf dem Teersträßchen ansteigen, die Linkskurve (Info-Anschlag) ausgehend. Nach ca. einer ¾ Std. an der Gabelung (Wegweiser) entweder links weiter auf dem Fahrsträßchen und nach ¼ Std. rechts ab, oder wir nehmen rechts den alten, anstrengenderen, steinigen Arnitzalmweg für die nächsten ca. 1½ Std. Die Gebäude der jahrhundertealten **Arnitzalm** liegen beiderseits des Arnitzbachs reizvoll am Hang. An der Holzbrücke vor der Almwirtschaft setzt man den Aufstieg nordöstl. (rot markiert) fort. Oberhalb der Waldgrenze vorbei an einem Heuhüttchen und zum **Ganitzlekreuz**, 2196 m, am Ganitzlerücken.

Nun abwärts in Kehren 10 Min. zum in einem grasbewachsenen Karbecken im Schatten des Großen Zunig ruhenden **Zunigsee**, 2112 m; Unterstand. Über den Seeabfluss, an der Wegegabel nach links gehen (rechts Wanderroute auf den Kleinen Zunig, 2442 m, im oberen Teil Stufen) und eine lärchenbestandene Wiesenmulde queren. Vom See in ½ Std. zur Jausenstation **Zunigalm** am Saum des Lärchenwalds, geführt von der Familie Rainer, die einen ausgezeichneten Schnaps brennt. Den weiteren Abstieg gibt das Forststräßchen vor. An der Kreuzung, 1571 m, nach ca. ½ Std. wenden wir uns nach links zum Zunigbach, erreichen so die Anstiegsroute und kehren zum **Parkplatz Guggenberg** zurück.

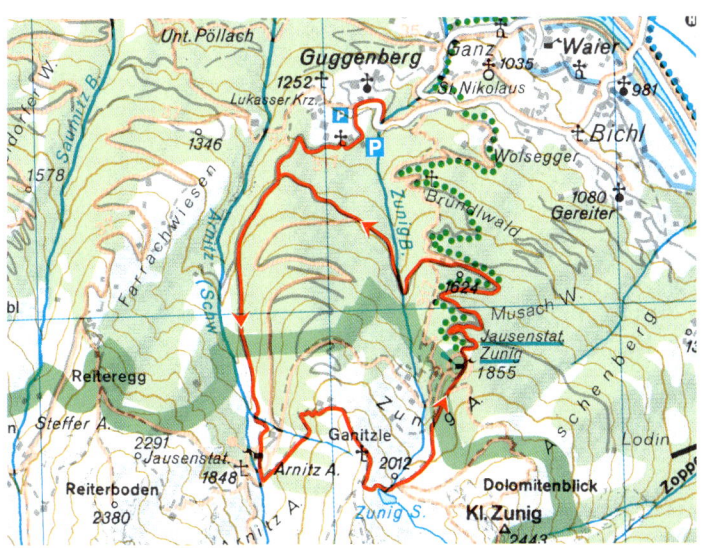

27 Zedlacher Paradies

Märchenwald aus Lärchen

Zedlach – Paradies – Lärchenstadion – Strumerhof – Zedlach

Ausgangspunkt/Parkmöglichkeit: Zedlach, 1280 m, charakteristisches Osttiroler Bergdorf, am Sonnenhang über dem Eingang des Virgentals, 150 Einwohner, Ortsteil von Matrei. Von dort 5 km über den Weiler Bruggen. Parken am Ortsanfang, bei der Dorfinformation.
Gehzeiten: Zedlach – Lärchenstadion 1 Std., Lärchenstadion – Strumerhof 40 Min., Strumerhof – Zedlach 40 Min. Gesamtzeit knapp 2½ Std.
Höhenunterschied: 420 m.
Höchster Punkt: Zedlacher Wald, 1680 m.
Anforderungen: Wanderwege. Verblasste rot-weiße Farbzeichen. Am sichersten ist es, man folgt den Hinweisen »Strumerhof« und »Waldlehrpfad« (blau-weiß-blau).

Einkehrmöglichkeiten: Berggasthaus Strumerhof (Mai bis Oktober). In Zedlach Gasthaus Gosserhof (Mo. Ruhetag).
Sehenswertes: Kapelle in Zedlach, 1750 der Göttlichen Dreieinigkeit geweiht. Alte Bauernhöfe. Zedlacher Paradies: Von den rund 500, teils fast 600 Jahre alten knorrigen Lärchen sind 44 zu Naturdenkmälern erhoben worden, z. B. der aus zwei Stämmen bestehende, über dem Boden 6 m an Umfang messende, 510 Jahre alte »Baum der Mitte«. Entstanden ist das naturgeschützte Biotop, als man den Fichtenwald lichtete und Lärchen pflanzte, deren Lichtdurchlässigkeit üppige Vegetation garantierte (»Lärchenweiden«). Informationen über den Perchtenstein im Strumerhof.

Wenn im Spätherbst die Lärchen »brennen«, stellt das Zedlacher Paradies einen der reizvollsten Plätze Osttirols dar.
In **Zedlach** von den Parkplätzen in den Ort, rechts von Haus Nr. 1, vorbei am großen Dorfkruzifix – links unten das Gasthaus Gosserhof – und noch 100 m weiter. Dann wendet sich unsere Route rechts bzw. links vorbei an Haus Nr. 12. Bergwärts auf dem von Buschreihen und Trockensteinmauern flankierten Weg. Nach 20 Min. (Quellbrunnentrog, Stadel, Rastbank) erneut

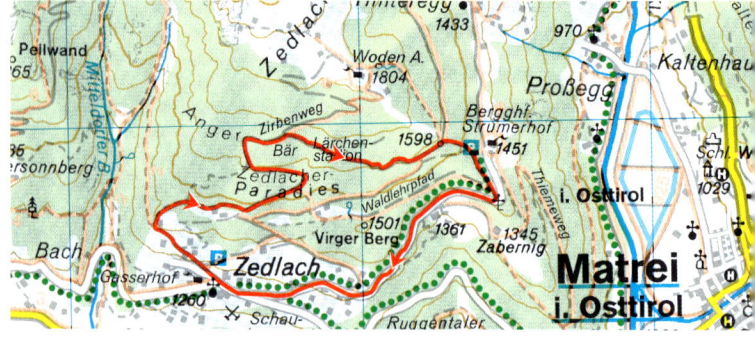

Der Herbst ist die reizvollste Jahreszeit im Zedlacher Paradies.

rechts halten. Durch Lärchenwald und am Saum einer Wiese in gut 10 Min. auf eine Lichtung. Hier wie im Folgenden bleiben die Abzweigungen zur Jausenstation Wodenalm unbeachtet. Es geht wieder rechts, am oberen Rand einer geradezu paradiesischen Wiesenmulde und zum Naturdenkmal »**Baum der Mitte**«. Von Zedlach ¾ Std.

Der Waldlehrpfad bringt uns in 10 Min. zu einem 3 m großen, vom Matreier Kunstschmied Erich Trost gefertigten **Bären**, dessen »Inneres« über eine Leiter ersteigbar ist. Nun senkt sich die Route zum **Lärchenstadion** auf einer geräumigen Lichtung. Vom unteren Waldrand geradewegs über die Wiese und schwach links haltend, am Holzzaun entlang, vorbei am **Quellmoor**. Etwas später ist rechts ein Abstecher zum Aussichtspunkt Blösbichl, 1502 m, möglich. Wieder abwärts, jetzt waldbestandene Flanken traversieren. Hernach kurze Gegensteigung. Die Wanderung hält sich links. Links am Weg liegt der sagenumwobene **Perchtenstein**.

Den nächsten Querweg kreuzen und zum **Strumerhof**, 1451 m, in großartiger Aussichtslage. Chefin Anna kocht Osttiroler Spezialitäten, die Produkte stammen aus eigenem Anbau. Rückweg auf dem Sträßchen, den Parkplatz Dirnberg passierend, in 40 Min. nach **Zedlach**.

28 Burgruine Rabenstein

Spaziergang ins Mittelalter

Virgen – Mellitz – Burgruine Rabenstein – Rabensteinweg – Göriach – Virgen

Talort/Ausgangspunkt: Virgen, 1194 m, im gleichnamigen Tauerntal. National-parkgemeinde. Von Matrei 7 km, von Lienz 35 km (nächster Bahnhof); Postbus-se. Parken im Ort, u. a. bei der Kirche vor dem Messnerhof.

Gehzeiten: Virgen – Burgruine ca. ½ Std., Burgruine – Göriach – Virgen ¾ Std. Ge-samtzeit ca. 1¼ Std.

Höhenunterschied: Ca. 270 m.

Höchster Punkt: Bergfried der Burgruine Rabenstein, 1428 m.

Anforderungen: Unschwierige Rundwan-derung.

Einkehrmöglichkeiten: In Mellitz.

Sehenswertes: Virgen (siehe S. 14). Rui-ne der Burg Rabenstein, 1183 erstmals belegt durch Rudolfus de Virge; Besitz des Erzbistums Salzburg. Im 13. Jh. ge-langte das »castrum Virge« in die Hand Graf Alberts von Tirol, der die Anlage 1252 dem Erzbischof von Salzburg übergab, um sich aus dessen Gefangenschaft zu lösen. Ab dem 15. Jh. wurde die Bez. »Burg Virgen« durch Rabenstein ersetzt. 1501 verpfändete König Maximilian die

Burg an den Südtiroler Michael Wolken-stein, einen Bruder des berühmten Minne-sängers Oswald. 1703 zog der letzte Pfle-ger ins Dorf; Rabenstein verfiel. 1963 stürzten Bergfried-Mauernteile ein. 1990 gründliche Konservierungsmaßnahmen.

Virgen, das »Meran Osttirols«, hat dem wasserreichen, von der Isel durch-flossenen, rund 20 km langen Tal seinen Namen gegeben, das erstmals 1167 als »Uirge« (Pfarre des Herrschaftsgebiets) erwähnt wurde.
Im Sonnendorf **Virgen** geht es zwischen Kirche und Drogeriemarkt Schle-cker bergwärts, rechts haltend, auf dem Sträßchen Richtung **Mellitz**, im Blickfeld die eine Lärchenkuppe krönende Burgruine, hoch darüber das Gipfelkreuz auf dem markanten, 3008 m hohen Ochsenbug (Name laut Al-penvereinskarte). Nach ¼ Std. verlässt man das Sträßchen vor einem Flur-kreuz (Briefkästen) nach links. Ca. 80 m danach rechts durch ein Holzgatter und auf breitem Weg weiter, links vorbei an dem zur Jahrtausendwende umgebauten Hof Stanzlhäusl und bergan durch eine Mulde. Wenig später hält sich das Weglein links, traversiert den ausgeholzten Hang und leitet in Kehren empor zum einst dreistöckigen Ministerialenturm (Sitz des Verwal-

Die Bewohner der Burg Rabenstein kontrollierten einst die Verkehrswege im Virgental.

ters), von dem noch zwei Mauern erhalten sind. Rechts in die durch Geländer erschlossene **Burgruine Rabenstein**, eine der höchst gelegenen Tirols. Lehrreiche Info-Tafel mit Grundriss. Vor der Hauptburg auf den **Rabensteinweg** (Holztafel) und westl. (rot-weiße Farbzeichen) ansteigend nahe an die Burgmauer, worauf sich die Route nach links wendet, die Waldhänge traversierend. Nach 10 Min. nicht geradeaus abwärts (Hohlweg), sondern rechts haltend oberhalb des Eggerhofs auf einen breiten Weg. Rechts aussichtsreich wieder bergan. Knapp ½ Std. nach der Burgruine an der Wegegabel laufen wir halb links Richtung Virgen (Holztafel). Ca. 5 Min. später erneut links halten und hinunter zum Asphaltsträßchen. Rechts, über den Erschnitzbach. Vor dem ersten Bauernhof in **Göriach**, 1257 m, geht es links hinunter nach **Virgen**. Dort links zur Kirche. Eventuell Einkehr in der bodenständigen Gaststätte Panzl-Bräu, die als eines der besten Wirtshäuser Osttirols gilt.

29 Auf dem Lasörling-Höhenweg

Die Lasörlingruppe kennen lernen

Virgen – Wetterkreuzhütte – Zupalseehütte – Lasörlinghütte – Virgen

Die Zupalseehütte am Lasörling-Höhenweg.

Talort: Virgen, 1194 m, im gleichnamigen Tauerntal des Nationalparks. Von Matrei 7 km, von Lienz 35 km (nächster Bahnhof). Postbusse.

Ausgangspunkt: Parkplatz, 1089 m, jenseits, ca. 100 m, der Iselbrücke. Zu Fuß vom Gasthaus Neuwirt 10 Min., nach dem Feuerwehrhaus vor der Brücke links.

Gehzeiten: Parkplatz – Wetterkreuzhütte 3 Std., Wetterkreuzhütte – Zupalseehütte 1¼ Std., Zupalseehütte – Lasörlinghütte knapp 2¾ Std., Lasörlinghütte – Welzelach 2¼ Std., Welzelach – Virgen 50 Min. Gesamtzeit ca. 10¼ Std. Kürzer (insg. 7½ Std.) mit dem Hüttentaxi der Wetterkreuzhütte, Tel. 0 48 74/52 27, oder Bstie-ler Taxi (Büro Virgen), Tel. 0 48 74/55 55.

Höhenunterschied: Rund 1750 Hm, bei Taxianfahrt ca. 750 m.

Höchster Punkt: Merschenhöhe, 2499 m.

Anforderungen: Unschwierige, allerdings sehr anstrengende Tour.

Einkehrmöglichkeiten: Wetterkreuzhütte (privat, Unterkunft, einfach bewirtschaftet, Juni bis Ende September); Zupalseehütte (privat, Unterkunft, Mitte Juni bis Ende Oktober September); Lasörlinghütte (privat, Unterkunft, Mitte Mai bis Mitte Oktober); Stadlerhütte (sommers einfach bewirtschaftet).

Sehenswertes: Virgen (siehe S. 14 sowie Tour 28). Ausblicke vom Höhenweg.

Vom Parkplatz in **Virgen** östl. auf dem Wetterkreuzhütte-Fahrweg (beschilderte Abkürzer möglich) über die **Politzenalm**, 1888 m, zur **Wetterkreuzhütte**, 2106 m. Sie gehört, wie die in den 70er Jahren erbaute Zupalseehütte der Virgener Familie Tschoner. Ausblick vom Wetterkreuz! Anstiegs-Fortsetzung auf breitem Weg. Nach 5 Min. an der Gabelung gehen wir rechts, jetzt gemeinsam mit dem Lasörling-Höhenweg. Über die mit Zwergstrauchheiden bewachsene Hellerhöhe, 2257 m, in die Senke, 2240 m, vor dem Aufschwung des Legerle. Geradeaus ginge es kehrenreich eine ¾ Std. –

Markierungen, Wegspuren, stellenweise exponiert – zum Legerle, 2527 m, südl. in eine Scharte und zur Hütte. Gemächlicher und rund 1 Std. kürzer ist die Route von der Wegetafel rechts hinunter zur nahen »Achsel«, einem Rasensattel, 2220 m. Dort Linksschwenk und Gegensteigung. Wir queren die alpenrosenbewachsenen Legerleflanken über dem Hochtaltrog, in dem der Zupalbach rauscht, und erreichen, den künstlich gestauten Zupalsee streifend, die auf einer flachen Rasenkuppe stehende **Zupalseehütte**, 2346 m. Der Weiterweg zum Grifterücken ist von hier erkennbar. Dahinter setzt eine lange, den Steinkaastrog durchziehende Traverse an, oberhalb der **Merschenalm** (2250 m, Bio-Eigenprodukte, Notabstieg 2 Std. nach Virgen). Es geht unterhalb des Steinkaassees, 2357 m, vorbei und zum Steinmann der **Merschenhöhe**, 2499 m. Nun zumeist abwärts bzw. kurz bergan zu der lärchenschindelverkleideten, 1981 eröffneten **Lasörlinghütte**, 2350 m. Der Rückweg führt nordöstl. 1200 Hm hinunter durch das Mullitztal, an Roaneralm bzw. Stadlerhütte, 1804 m, und Stadleralm, 1553 m, vorbei. Den Almgüterfahrweg abkürzend direkt zur Mullitzbachbrücke. Auf der Straße rechts nach **Virgen** und hinab zum Parkplatz.

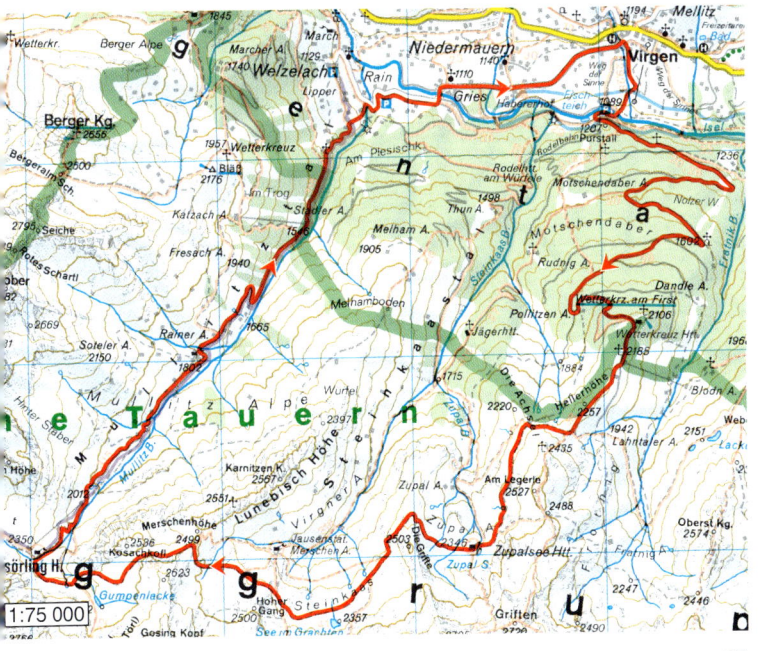

1:75 000

30 Nilljochhütte, 1975 m – Wallhorn

Hangwanderung über dem Virgental

Obermauern – Budamerhof – Nilljochhütte – Wallhorn – Obermauern

Ausgangspunkt und Parkmöglichkeit: Obermauern, 1301 m, nordwestl. von Virgen (2 km). Von Matrei 9 km, von Lienz 37 km (nächster Bahnhof). Postbusse. Parken unterhalb der Kirche.

Gehzeiten: Obermauern – Nilljochhütte 1¾ Std., Nilljochhütte – Wallhorn – Obermauern 2¼ Std. Gesamtzeit 4 Std.

Höhenunterschied: Rund 700 m.

Höchster Punkt: Nilljochhütte, 1975 m.

Anforderungen: Bez. und beschilderte Wege; eine Stelle im Katzentalgraben drahtseilgesichert.

Einkehrmöglichkeit: Nilljochhütte (privat, Unterkunft, letzte Maiwoche bis Mitte Oktober).

Sehenswertes: In Obermauern spätgotische Wallfahrtskirche Unsere Liebe Frau Maria Schnee. Berühmte, farbenkräftige Langhaus- (hauptsächlich an der Nordwand, 29 Passionszenen) und Chorfresken (Marienleben) von 1484 des Görzer Hofmalers Simon von Taisten im Südtiroler Gsieser Tal. An der rechten Choreck HI. Sebastian, rechts unten kniet das seinerzeitige Pflegerpaar von Rabenstein

Am Aufstieg zur Nilljochhütte.

(siehe Tour 28). Frühbarocker Altaraufbau mit der Gnaden-Muttergottes. Führungen freitags 17 Uhr.

Wissenswertes: Siehe bei Virgen S. 14.

Das schon vor mehr als 2800 Jahren besiedelte Obermauern am südseitigen Talhang ist das Kleinod des Virgentals. Südwestlich des Orts befand sich auf dem Glimmerschieferhügel »Burg« eine bis in römische Zeit existierende Knappensiedlung. Sie wurde im 11./12. Jh. durch eine Wehranlage überbaut. In historischem Zusammenhang mit Obermauern steht der ehemalige Friedhof bei Berg (siehe Tour 32).

Oberhalb der Kirche in **Obermauern**, vom Feuerwehrhäuschen, geht es links auf geteertem Sträßchen bergan und zu Füßen des Hügels »Burg« rechts. Nach etwa 20 Min. vorbei am Parkplatz Budam und zum **Budamerhof**, 1563 m. Die barocke, der HI. Familie geweihte achteckige Kapelle bleibt zurück. Der breite Weg endet bei der Goisn-Almhütte (Ferienwohnung). Weiter auf einem Weglein über die von Fichten, Lärchen und vereinzelten Heuschupfen bestandenen steilen »Goisn« (Geisenmähder) streckenweise kehrenreich im Großen Nilltal aufwärts, vorbei an einem Wiesenkreuz. Kurz nach dem Erreichen eines Jäger-Hochsitzes erreicht man die **Nilljochhütte** in prächtiger Aussichtslage auf dem das Große Nilltal westl. begrenzenden stumpfen Eselsrücken.

Für den Rückweg bietet sich ein überaus lohnender Umweg an: Laut Holz-tafel nordwestl. Richtung Prägraten, z. T. mit Weg Nr. 929 in geringem Ge-fälle am Auslauf der Bobojacher Mähder. Nach ½ Std. einen Quellbrunnen passieren. An der Wegekreuzung »Bei der Lacke«, 1841 m, geht es links im steilen Lärchenwald dahin. An der Gabelung rechts halten zum Boden-alm-Parkplatz, 1680 m. Nun auf dem Sträßchen abwärts. Hinter der zweiten Linkskehre wenden wir uns rechts und gelangen in **Wallhorn** zur obersten Straße, 1423 m. Sie wird vor dem Fobusbach betreten (jenseits der Brücke eine Holzskulptur von 1978 des hl. Papstes Sylvester). Auf der Teerstraße links, nach 200 m rechts (u. a. Tafel »Hohe Bank«) und abwärts über die Wi-schner Felder zur Straße Bobojach – Oberstein. Mit ihr 50 m bergan, dann rechts ab und durch den Graben talwärts zu einem Wasserbunker. Wir tra-versieren am Wiesenhang. Im Wald erwartet uns der Katzentalgraben (Drahtseile). Ausschau bietet die Felsnase »Hohe Bank« (altes Kreuz). Et-was später schwenkt unsere Tour links in Ostrichtung ein. Über Wiesen, vorbei an einem großen Flurkreuz, 1416 m, zum bekannten Fahrsträßchen an der »Burg« und nach **Obermauern** zurück.

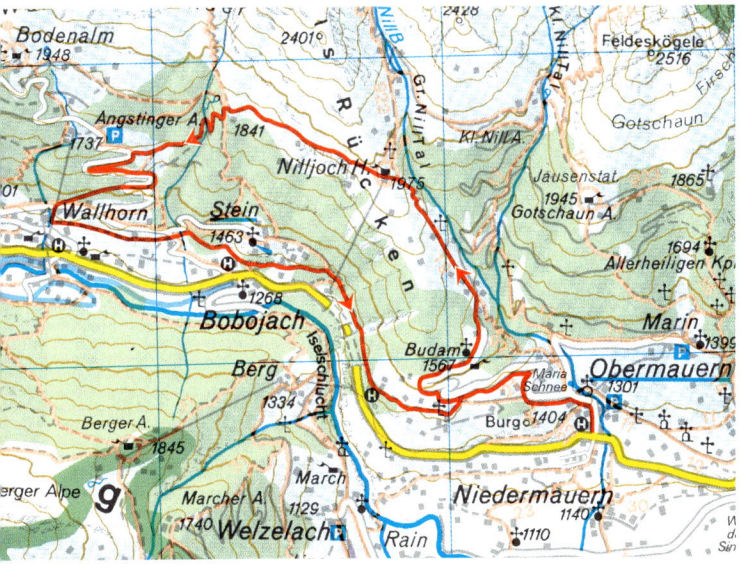

31 Bonn-Matreier-Hütte, 2745 m

Aussichtsloge am Venediger-Höhenweg

Obermauern – Nilljochhütte – Stuhler Alm – Bonn-Matreier-Hütte

Ausgangspunkt und Parkmöglichkeit: Obermauern, 1301 m, Wallfahrtsort nordwestl. von Virgen (2 km). Von Matrei 9 km, von Lienz 37 km (nächster Bahnhof). Postbusse. Parken unterhalb der Kirche oder Nationalparkplatz, 1480 m, am Teersträßchen zum Budamerhof, 1,4 km oberhalb der Kirche; Info-Tafel des Nationalparks Hohe Tauern.

Gehzeiten: Obermauern – Nilljochhütte 1¾ Std., Nilljochhütte – Bonn-Matreier-Hütte 2½ Std., Abstieg ca. 3½ Std. Gesamtzeit ca. 7¾ Std.

Höhenunterschied: 1450 m.

Höchster Punkt: Bonn-Matreier-Hütte, 2745 m.

Anforderungen: Anstrengende Tour in hochalpiner Region. Markiert, beschildert.

Einkehrmöglichkeiten: Nilljochhütte (privat, Unterkunft, letzte Maiwoche bis Mitte Oktober); Stuhler Alm (sommers einfach bewirtschaftet); Bonn-Matreier-Hütte (DAV/ÖAV, Unterkunft, Mitte Juni bis Ende September, Winterraum, 8 Lager).

Sehenswertes: Obermauern (siehe Tour 30). Westseitig der Bonn-Matreier-Hütte kleine Felsenkapelle.

Wissenswertes: Siehe bei Virgen S. 14.

Die Bonn-Matreier-Hütte, der einzige deutsch-österreichische Alpenvereinsstützpunkt, feierte im August 2002 ihre 70-jährige Gründung. Sie steht auf der Hohen Ader über den obersten Galtviehweiden mit einem prachtvollen Ausblick auf die Berge vom Hochschober über die Lienzer Dolomiten zu den Sextener Dolomiten, zum Hochgall sowie auf Röt- und Malhamspitze. Auf Dreitausender-Sammler wartet mit dem Rauhkopf ein »Zuckerl«.

Von **Obermauern** gelangt man wie bei Tour 30 in 1¾ Std. an der Virgener Sonnenseite zur **Nilljochhütte**, 1975 m. Rechts des Berggasthauses weiter im Großen Nilltal über

Die Bonn-Matreier-Hütte hoch über dem Virgental.

eingezäunte Wiesen, an den Nillbach und vorbei an einer Blockhütte. Die Route holt zu einer langen Links-Rechts-Schleife aus. Von rechts mündet ein Almgüterfahrweg. Jenseits des Bachs liegt die Resingeralm (auch Große Nillalm). Wir passieren in der Talstufe im Resinger Trögele die **Stuhler Alm**, 2280 m, der Familie Aßmair. Wenig später wendet man sich vom Nillbach links ab und überwindet die nächste Talstufe; das Gelände wird flacher. Knapp ½ Std. später quert das Weglein einige kleine Zuflüsse des Nillbachs. Die Hütte ist seit einiger Zeit sichtbar. Am Sandboden stößt man auf den Venediger-Höhenweg (Hinweistafeln). Rechts (östl.) erreichen wir über eine felsige Stufe die **Bonn-Matreier-Hütte**, 2745 m.

Wer den Rauhkopf, 3070 m, den Hausberg der Hütte besteigen will, muss trittsicher und schwindelfrei sein, stellenweise müssen die Hände zu Hilfe genommen werden; von der Hütte ca. 1½ Std., markiert. Beim Wirt die Firnverhältnisse am Rauhkopf-Südgrat erfragen! Knapp 10 Min. nördl. der Hütte geht es an der Wegegabel beschildert rechts (gerade 1¼ Std. zum Sailkopf, 3209 m, teilweise drahtseilgesichert), an der nächsten Gabelung links. Nun rechts haltend durch die untere Rauhkarmulde an den hier türmereichen Rauhkopf-Südgrat, aber nicht in die Kälberscharte (2791 m), sondern davor links an der westl. Kammseite weiter (Steinmänner). Mittels künstlicher Stufen über ein Gratschärtchen. Der Südostgrat endet beim Gipfelsteinmann (Wanderstempel).

Der Rückweg erfolgt auf dem Anstiegsweg.

32 Iselschlucht und Berger Alm, 1845 m

Eine schöne Wanderung für den Frühsommer

Wallhorn – Iselschlucht – Berg – Berger Alm – Wallhorn

Talort und Ausgangspunkt: Wallhorn, 1300 m, im Virgental östl. von Prägraten, mit diesem zusammengebaut. Von Matrei 13 km, von Lienz 41 km (nächster Bahnhof). Postbusse.
Parkmöglichkeit: Unterhalb der Ortschaft am Südufer der Isel, nach der Schneiderbrücke rechts (Rastbank, ca. 1250 m). Die Zufahrtsstraße (400 m) zweigt von der Talstraße bei der Postbushaltestelle ab.
Gehzeiten: Parkplatz – Berg 1 Std., Berg

– Berger Alm knapp 1½ Std., Berger Alm – Parkplatz 1½ Std. Gesamtzeit 4 Std.
Höhenunterschied: Ca. 900 m.
Höchster Punkt: Berger Alm, 1845 m.
Anforderungen: Beschilderte, markierte Wege; bei Nässe stellenweise rutschig, vor allem im Abstieg.
Einkehrmöglichkeit: Berger Alm (privat, Unterkunft, Juni bis September).
Sehenswertes: Die Iselschlucht und der Weiler Berg.

Die durch Flusserosion entstandene Iselschlucht stellte früher für den Verkehr eine Sperre zwischen äußerem und innerem Virgental dar und war bis zum Straßenbau 1932 nur über einen berüchtigten südseitigen Felsensteig begehbar. Unterhalb von Berg stießen Archäologen 1889/90 auf ein Brandgräberfeld mit 56 Bestattungen der Hallstattzeit, der mitteleuropäischen Eisenzeit (800 bis 400 v. Chr.), das mit der Bergwerkssiedlung bei Obermauern zusammenhängt. Der Leichenbrand war in Bronzegefäßen bzw. in Steinplattengräbern untergebracht. Diese Gräber bargen zudem auch reichliche Beigaben an Schmuck,
Waffen, Werkzeugen und Gefäßen.
Vom Parkplatz neben der Schneiderbrücke in **Wallhorn** talauswärts in knapp 25 Min. zur Brücke unterhalb von Bobojach. Kurz davor führt rechts eine steile, rot markierte Abzweigung direkt im Aderwald empor. Schöner ist aber der Weiterweg durch die wildromantische **Iselschlucht** und ihre **Stegachklamm**. Wir steigen, das Bergerbachl überschreitend, zur Asphaltstraße an, die uns rechts in 20 Min. zur verträumten Höfegruppe **Berg**, 1334 m, bringt (hierher schwebt auch eine Gondelbahn – nur für Anwohner – von der Talstraße herauf).

Der Weiler Berg und der dahinter aufragende Berger Kogel.

Beim zweiten Hof (Wunscherhof, Besitzer der Berger Alm) laufen wir rechts unter der Stadelauffahrt hindurch, vorbei am Moterhof. Gleich danach links haltend zum Wald. Wenig später, bei einer Felspartie, mündet rechts (Rastbank) die erwähnte steile Abkürzung. Gemeinsam am bewaldeten, stumpfen Rücken (Berger Egge) ca. 40 Min. hinauf. Vor dem Krinbächle weisen uns die Markierungen nach links. Nach etlichen Kehren passieren wir das Wetterkreuz bei Materialseilbahnmasten und wandern über der Waldgrenze auf saftigen Almwiesen zu den Hütten der **Berger Alm.** Im Südwesten schwingt sich der Berger Kogel (siehe Tour 35) auf, südöstl. liegt die Marcher Alm, mit Berg durch ein Forststräßchen verbunden. Oberhalb auf der freien Kuppe »Bläß« erkennen scharfe Augen das Wetterkreuz, und nördl. schimmern die Eisfelder der Venedigergruppe herüber.

Für den Abstieg über den Dreieselsteig wandern wir westl., aber nicht auf dem oberen Weg (Wetterkreuz – Bergerkogel, 2 Std.), sondern an der Gabelung rechts haltend in den Wald. Auf schmalem Weg, dem Dreieselsteig, anfangs in mäßigem, später in zunehmendem Gefälle und im Zickzack bis vor den Sportplatz. Entweder links und über die Pension Waldrast auf dem Teersträßchen zur Schneiderbrücke oder rechts mit dem Kräuterweg, der sich aber schon wenig später rechts wendet, während wir links haltend absteigen an die Isel. Beim ehemaligen Sägewerk links zur Schneiderbrücke in **Wallhorn**.

33 Eisseehütte, 2521 m

Auf dem Timmeltaler Höhenweg unterwegs

Prägraten – Timmeltal – Eisseehütte – Timmeltal-Höhenweg – Prägraten

Talort und Ausgangspunkt: Prägraten, 1309 m, Nationalparkgemeinde, Tourismuszentrum im inneren Virgental. Von Matrei 14 km, von Lienz 42 km (nächster Bahnhof). Postbusse. Parken an der Durchgangsstraße, gegenüber Raiffeisenbank/Gemeindeamt. Bushaltestelle.

Gehzeiten: Prägraten – Abzw. Bodenalm 1½ Std., Abzw. Bodenalm – Eisseehütte knapp 2 Std., Eisseehütte – Timmeltal-Höhenweg – Prägraten 3¼ Std. Gesamtzeit knapp 7 Std. Ca. 1 Std. weniger Aufstieg: Fahrsträßchen (5 km) von Prägraten Richtung Camping, über Wallhorn zum gebührenpflichtigen Parkplatz, 1680 m; hierher auch Hüttentaxi. Zur Bodenalm ¾ Std.

Höhenunterschied: 1210 m.

Höchster Punkt: Eisseehütte, 2521 m.

Anforderungen: Markierte Wege.

Einkehrmöglichkeiten: Bodenalm (privat, Ende Mai bis Ende Oktober); Eisseehütte (privat, Unterkunft, Anfang Juni bis Anfang Oktober).

Sehenswertes: Prägraten. Das blumen- und wassererfüllte Timmeltal. Der Eissee.

Der Eissee, im Frühsommer noch von Schnee umgeben.

Ohne Intervention des ÖAV im Jahr 1980 stünde das Schutzhaus 140 m höher am Eissee und würde dem grandiosen Amphitheater seine archaische Faszination rauben.

In **Prägraten** zwischen Raiffeisenbank und Ferienhaus Tirol hindurch. Dann rechts zum Schulhausplatz. Dort links, vor der Antoniuskapelle (1997) rechts über den Timmelbach und gleich wieder links. Nach 100 m an der Gabelung vor dem Haus Bergheimat erneut links (Hinweistafeln) und auf dem Teerweg am Bach entlang. Geradeaus in den Lärchenwald und oberhalb des Wasserbunkers rechts halten. Es geht steil bergan. Nach insgesamt knapp 1¾ Std. erreicht man eine Kreuzung, 1900 m (Wegweiser; rechts 10 Min. zur Bodenalm, 1955 m). Oberhalb der Waldgrenze wandern wir nordwestl. auf abwechslungsreicher Route ins **Timmeltal** hinein. Am Anfang des Hochtalbodens steht links auf einem Gletscherschliff das Kreuz der Wallhorner Schafhalter. Talein zur Ochsnerhütte (auch Wallhornalm),

2128 m. Davor links über den Timmelbach und beim Wegweiser
nach rechts. Den links abzweigen-
den Prägratener Höhenweg ignorierend wandern wir tiefer ins ge-
streckte Trogtal. Oberhalb des ersten Wasserfalls geht es wieder auf
die orografisch linke Bachseite und
nach ¼ Std. an das rechte Ufer.
Links nährt der Wasserfall das
Kleinkraftwerk der Hütte. Knapp
½ Std. später sind wir, zuletzt auf
dem Venediger-Höhenweg, bei der
schon seit längerem sichtbaren
Eisseehütte, 2521 m, auf der Kleinitzalm. Wer mag, kann in knapp
½ Std. zum Eissee nördl. in impo-
santer Umgebung wandern, der bis
zu 15 m tief ist und vom Garaneber-
kees und von der Weißspitze,
3300 m, überragt wird.

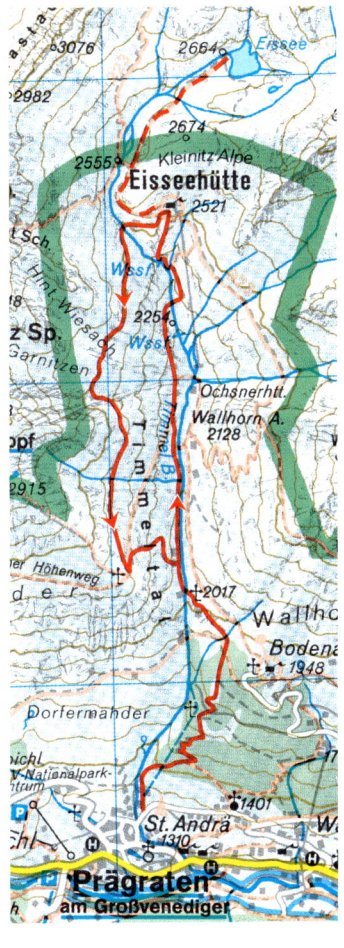

Über den **Timmeltal-Höhenweg**
zurück nach Prägraten wandern wir
von der Hütte südwestl. ca. 250 m
auf dem Venediger-Höhenweg.
Dann links ein Stück weit abwärts,
am Wegweiser (u. a. Sajathütte)
rechts zum genussvollen, beispiel-
haft trassierten Timmeltal-Höhenweg. Ca. ½ Std. weiter, Steilrinnen
querend, bis zum klammähnlichen
Zopatbach. Am anderen Ufer verliert man durch Kehren an Höhe.
Dann wieder Traverse an den Südostrücken des Vorderen Sajatkopfs, dem so genannten »Fenster«
am Treffpunkt mehrerer Wege,
2300 m (Rastbank). An der Kreuzung links, gleich danach den Prä-
gratener-Höhenweg queren und mit der Zickzackspur hinunter zum alten
Hirtensteig. Rechts abbiegen und nach 250 m links über den Timmelbach.
Ca. 10 Min. nach einem Gedenkkreuz, 2017 m, zur Kreuzung des bekannten Aufstiegswegs und nach **Prägraten** zurück.

34 Prägratener Höhenweg

Über Naturlehrpfade zur Sajathütte

Bichl – Blumenweg – Sajathütte – Prägratener Höhenweg – Wiesachweg – Bichl

Die Blumenwiesen der Sajatmähder.

Talort: Prägraten, 1309 m, Nationalparkgemeinde, Tourismuszentrum des inneren Virgentals. Von Matrei 14 km, von Lienz 42 km (nächster Bahnhof). Postbusse.
Ausgangspunkt/Parkmöglichkeit: Bichl, 1485 m, Weiler und Ortsteil von Prägra-

ten, nordwestl. davon gelegen; asphaltierte Zufahrtsstraße 1½ km.
Gehzeiten: Bichl – Sajathütte knapp 3¼ Std., Sajathütte – Prägratener Höhenweg – Bichl 3 Std. Gesamtzeit 6¼ Std.
Höhenunterschied: 1100 m.
Höchster Punkt: Sajathütte, 2575 m.
Anforderungen: Markierte, beschilderte Wege und Pfade. Am Aufstieg gesicherte Passage.
Einkehrmöglichkeit: Sajathütte (privat, Unterkunft, Mitte Mai bis letzte Oktoberwoche, interne, 10 m hohe Kletterwand).
Sehenswertes: In Bichl der Mitterkratzerhof, ÖAV-Besitz, Haus der Kultur und Begegnung, Info-Stelle des Nationalparks Hohe Tauern; wenn geschlossen, Schlüssel in Bichl bei Fam. Kratzer. Lage der Heilig-Geist-Kapelle. Blumenweg bzw. Naturlehrpfad I und II. In der Hüttenumgebung anspruchsvolle Klettersteige: Rote Saile, Schernes Kopf – Kreuzspitze.

Die Sajathütte fiel im April 2001, im Jahr des 25-jährigen Bestehens, einer Staublawine zum Opfer. Die Eröffnung des neuen Schutzhauses fand am 28. Juli 2002 statt. Im 15. Jh. und später schürften Knappen 700 m oberhalb des Hüttenstandorts nach Kupfererz, das sie auf »Gamsdecken« (Fellen) zum Schmelzofen im Oberpichlerhof brachten.
In **Bichl** vom Parkplatz auf dem Teersträßchen links am Mitterkratzerhof vorbei. Rechts oben weidet die zum Innerkratzerhof gehörende kleine Steinbockkolonie. Nach 500 m wenden wir uns mit der Teerdecke rechts (**Blumenweg**-Info im Holzkasten), folgen ihr noch 200 m und verlassen sie dann links (Wegweiser). Über einige Holzbohlenstufen und mit dem Weglein links kurz in den lichten Lärchenwald. Dann rechts halten, oberhalb des historischen Oberpichlerhofs. Wenig später scharf links und zur Lichtung Lunitsch. Links weiter (Hinweistafel; rechts mündet der Rückweg) und noch ¼ Std. durch den Lärchenwald. Nach einer weiteren ¼ Std. geht es links über den Zopsenbach. Der Naturlehrpfad I (bzw. der Blumenweg) holt westl. aus über die Katinmähder. Man kommt an der Ebenlebank sowie an

einer niedrigen Höhle (»Zopsenbötsch«, bot früher den Mähern im August nächtlichen Unterschlupf) und an der Girstlmaier-Gedenktafel vorbei. Erneut unter der Materialseilbahn hindurch sowie über den Bach, nach dem eine Felsecke drahtseilgesichert ist. Bei der Sattelbank sieht man erstmals das Ziel. Nun weniger steil über die Sajatmähder in 1 Std. zur **Sajathütte**, 2575 m, auf einem Moränenkamm. Wir gehen auf dem Herweg ein kurzes Stück zurück, bis wir auf den von Friedl Kratzer, Erbauer und Seniorchef der Sajathütte, 1978 tras-

Die neue, burgähnliche Sajathütte – im Hintergrund die Rote Saile.

sierten **Prägratener Höhenweg** (Naturlehrpfad II) treffen. Er schwenkt bei der Bank am grasig schrofigen **Bindneck** in Ostrichtung ein und senkt sich über Heuwiesen hin zum Südostrücken des Vorderen Sajatkopfs (Kreuz, Rastbank). An der Gabelung rechts (links mündet der Timmeltal-Höhenweg, siehe Tour 33), noch ca. 200 m auf dem Prägratener Höhenweg, dann rechts ab, einer Zickzackspur folgend hinunter zum alten Hirtensteig im Timmeltal. Nach rechts und über den Timmelbach. Wir streifen ein Gedenkkreuz, 2017 m. Ca. 10 Min. später hält man sich beim Wegweiser an der Kreuzung rechts (links zur Bodenalm). Nochmals über den Timmelbach und über den **Wiesachweg**, vorbei an einer Felsenquelle, hinunter auf die Lichtung und auf dem Anstiegsweg nach **Bichl**.

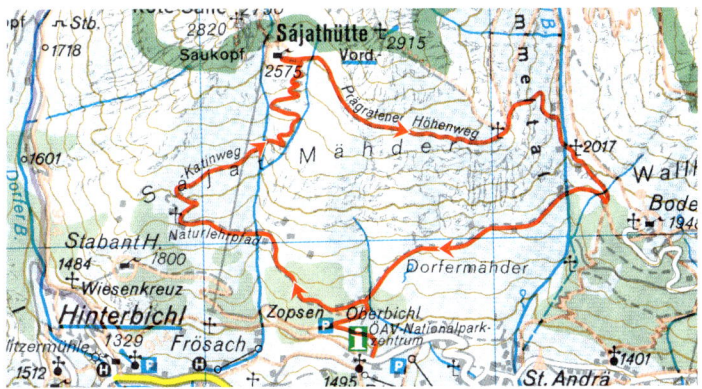

35 Berger Kogel, 2656 m

Hausberg von Prägraten

Prägraten – Wetterkreuz – Berger Kogel – Bergerseehütte – Prägraten

Talort: Prägraten, 1309 m, National-parkgemeinde, Tourismuszentrum im inneren Virgental. Von Matrei 14 km, von Lienz 42 km (nächster Bahnhof). Post-busse.
Ausgangspunkt/Parkmöglichkeit: Am Südufer der Isel, beim Sägewerk Dorfer Gries, 1288 m. Dorthin Straße vom westl. Ortsrand (Pension Bergwelt/Pizzeria Petro).
Gehzeiten: Prägraten – Wetterkreuz knapp 2½ Std., Wetterkreuz – Berger Kogel 1¼ Std., Berger Kogel – Bergerseehütte 50 Min., Bergerseehütte – Prägraten 1¾–2 Std. Gesamtzeit ca. 6¼–6½ Std. Bei fast ebenem Direktweg Wetterkreuz – Bergerseehütte (auf dem Kärtchen gestrichelt) Gesamtzeit knapp 5 Std.
Höhenunterschied: 1370 m.
Höchster Punkt: Berger Kogel, 2656 m.
Anforderungen: Weitgehend markierte Wege und Steige. Am Berger-Kogel-Nordgrat leichte, ausgesetzte Kletterei (I-).
Einkehrmöglichkeit: Bergerseehütte (privat, Unterkunft, Mitte Juni bis Mitte Oktober, Tretbootverleih).
Sehenswertes: Siehe Tour 36.
Wissenswertes: In Prägraten wurde 1871 durch Johann Stüdl das Alpenvereins-Bergführerwesen ins Leben gerufen.

Die Berger-Kogel-Überschreitung zählt zu den erstrebenswertesten Touren im Vorfeld der Virgentaler Lasörlinggruppe. Vierbeinige Gefährten verwöhnt die Bergerseehütte mit der »1. Virgentaler Hundebar«. Ab der Iselbrücke in **Prägraten**, links des Sägewerks Dorfer Gries, ansteigen. Nach ca. 250 m geht es rechts über den Zopatnitzenbach. Links mit dem Forstfahrweg zum Wald und noch 20 m geradeaus. Dann wird der breite Weg links verlassen (geradeaus zur Lasnitzenalm, siehe Tour 36). Auf einem Holzsteg erneut über den Bach. Ca. 20 m danach hält sich unsere rot markierte Route rechts. Im Hangwald spürbar steil und Schweiß treibend über einige Kehren in ca. 2¼ Std. hinauf zum **Wetterkreuz**, 2148 m, über der Waldgrenze im Berger-Kogel-Nordwesthang (rechts führt ein Weglein

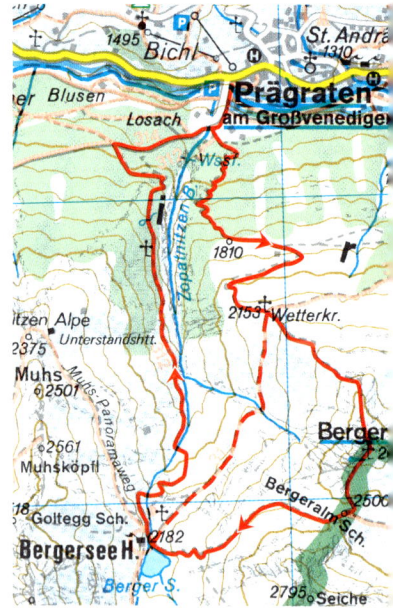

Blick vom Berger See nach Norden in die Venedigergruppe.

problemlos zur Bergerseehütte, während der Berger-Kogel-Nordgrat schwieriger ist). Zunächst auf einem Pfad durch den Alpenrosenhang der Nordwestflanke. Nach 1 Std. wird das Terrain grasig-schrofig, am Nordgrat steiler und luftig, bis wir zum Kreuz auf dem **Berger Kogel** gelangen – südwestl. über dem obersten Zopatnitzental dominiert die doppelgipfelige Pyramide des 3098 m hohen Lasörling das Panorama.

Am grasigen Südkamm – Grenze des Nationalparks Hohe Tauern – hinunter in die Bergeralmscharte, 2509 m. Hier schwenkt man rechts (westl.) in eine blumige Mulde ein. Ca. 10 Min. später links halten und über Grasflanken zur **Bergerseehütte**, 2182 m, am Südufer des Berger Sees mit kristallklarem Wasser. Weiter zunächst 5 Min. links am Zopatnitzenbach entlang. Unterhalb des Wasserfalls auf einem Holzsteg die Ufer wechseln. Ca. 10 Min. später den Bach nochmals überqueren. Nun bleiben wir orografisch links. Ungefähr 1¼ Std. nach der Hütte stößt der Kehrensteig auf einen breiten Querweg. Links knapp 200 m weiter, dann rechts ab und in 10 Min. auf den Forstfahrweg und zur Iselbrücke in **Prägraten** zurück.

36 Lasnitzenalm, 1895 m – Berger See

Auf dem Muhs-Panoramaweg

Prägraten – Lasnitzenalm – Muhs-Panoramaweg – Bergerseehütte – Prägraten

Talort: Prägraten, 1309 m, Nationalparkgemeinde, Tourismuszentrum im inneren Virgental. Von Matrei 14 km, von Lienz 52 km (nächster Bahnhof). Postbusse.
Ausgangspunkt/Parkmöglichkeit: Am Südufer der Isel, beim Sägewerk Dorfer Gries, 1288 m. Dorthin Straße vom westl. Ortsrand (Pension Bergwelt, Pizzeria Petro).
Gehzeiten: Prägraten – Lasnitzenalm 2 Std., Lasnitzenalm – Muhsplateau – Bergerseehütte 2¼ Std., Bergerseehütte – Prägraten 1¾ Std. Gesamtzeit ca. 6 Std.
Höhenunterschied: 1100 m.

Höchster Punkt: Muhsplateau, 2375 m.
Anforderungen: Mark., beschilderte Wege.
Einkehrmöglichkeiten: Lasnitzenalm (priv., Unterkunft, Ende Mai bis Ende Oktober); Bergerseehütte (priv., Unterkunft, Mitte Juni bis Mitte Oktober, Tretbootverleih).
Sehenswertes: Prägratener Pfarrkirche St. Andrä, hervorgegangen aus einer Kapelle des 12. Jh., 1822/23 verlängert in Form von zwei Jochen, gotische Chorfresken des Lebens Jesu und Mariens (um 1403). Berger See (Wollgras am Südufer).
Wissenswertes: Siehe Tour 35.

Der 1982 eröffnete Muhs-Panoramaweg genießt im Prägratener Tourenareal den Ruf, einer der schönsten Aussichtspfade zu sein mit Blicken auf die Gletscherwelt der Venedigergruppe.
Ab der Iselbrücke in **Prägraten**, links des Sägewerks, ansteigen und nach 250 m über den Zopatnitzenbach. Links den Forstfahrweg hoch zum Waldrand (der rechts abzweigende ehemalige Hütten- und Almweg gilt nicht für uns). Wir gehen gut beschildert geradeaus weiter im Fichtenwald, Abstand haltend von der Linksabzweigung zur Bergerseehütte, empor zu einer Anhöhe. Dann fast eben zu der aus dem 17. Jh. stammenden, autark energieversorgten **Lasnitzenalm** bzw. Lasnitzenalm-Hütte. Lois Berger, der Besit-

Aus dem Dorfer Tal schaut man südöstl. über das innere Virgental zum Berger Kogel.

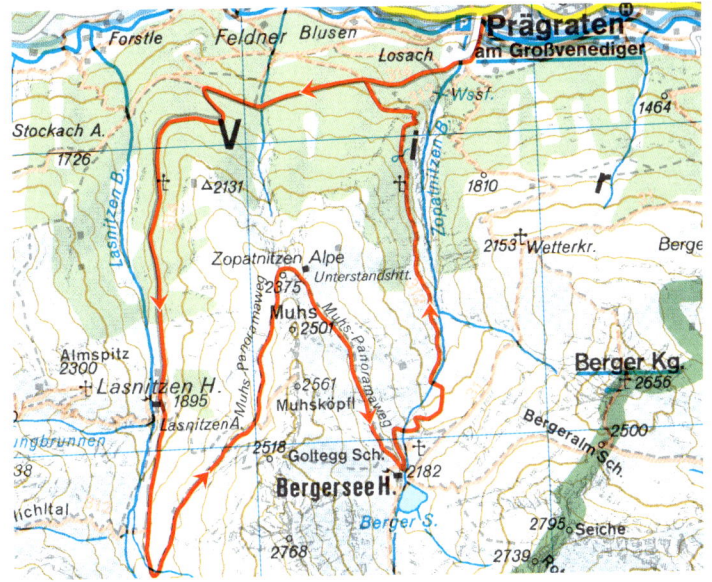

zer, weiß über »sein« Tal so gut Bescheid wie kein anderer, was er in einem Büchlein festhielt. Jenseits leuchtet über dem Hintergrund des Dorfer Tals der Großvenediger. Wir wandern noch ½ Std. tiefer ins Tal, dann zweigt unsere Rundwanderung spitzwinkelig links ab (geradeaus zum Lasörling-Höhenweg) und führt uns über den **Muhs-Panoramaweg** schwach nordostwärts mäßig ansteigend zum Muhsplateau, 2375 m, am auslaufenden Muhskopf-Nordrücken (Rastbank), dem Scheitelpunkt unserer Tour. Im Windschatten des Rückens schützt ein kleiner Unterstand bei Wetterstürzen. Der Panoramaweg schwenkt in die Muhskopf-Nordostflanke ein, wir erblicken den Berger Kogel und die Bergeralmscharte (siehe Tour 35). Durch Alpenrosenhänge geht es hinunter zur **Bergerseehütte**, 2182 m, am fischreichen Berger See. Bei Windstille spiegeln sich Lasörling, Säule und Schober im Wasser. Zunächst links des Zopatnitzenbachs ca. 5 Min. weiter. Unterhalb des Wasserfalls auf einem Holzsteg die Ufer wechseln und ca. 10 Min. später den Bach nochmals überschreiten. Nun bleiben wird endgültig orografisch links des Zopatnitzenbachs. Ungefähr 1¼ Std. nach der Hütte, vorbei an einem Kreuz, stößt der Kehrensteig auf einen breiten Querweg. Links knapp 200 m weiter, dann rechts ab und in 10 Min. auf den bekannten Forstfahrweg und zur Iselbrücke in **Prägraten** zurück.

37 Johannishütte, 2116 m

Eine beliebte Wanderung im Virgental

Hinterbichl – Steinbruch – Gumbachkreuz – Johannishütte

Die Johannishütte; im Hintergrund (v. l.) Großvenediger, Hohes Aderl, Rainerhorn.

Talort und Ausgangspunkt: Hinterbichl, 1331 m, hinterster Ort im Virgental, an der Mündung des Dorferbachs in die Isel, 17 km von Matrei; Postbusse 2. Juli- bis 1. Oktoberwoche. Parken gegenüber dem Gasthof Islitzer; Postbushaltestelle.
Gehzeiten: Hinterbichl – Johannishütte 2½ Std., Johannishütte – Hinterbichl 1¾ Std. Gesamtzeit 4¼ Std. Für ca. ½ Std. weniger Anstieg ab Hinterbichl muss man noch 700 m talein fahren. Dann scharf rechts und 1,3 km zum Parkplatz vor dem Dorfer Bach und dem Steinbruch-Werksgelände. Auch Taxi zur Hütte, kostenloses Telefon am Gasthof Islitzer oder Tel. 0 48 77/53 69 (Familie Kratzer).

Höhenunterschied: 785 m.
Höchster Punkt: Johannishütte, 2116 m.
Anforderungen: Fast durchwegs Fahrsträßchen.
Einkehrmöglichkeit: Johannishütte (DAV, Unterkunft, älteste Hütte der Ostalpen, Blockheizkraftwerk, Kläranlage, Mitte Juni bis Anfang Oktober).
Sehenswertes: An der Brücke über den Dorferbach mahlt die 1989 reaktivierte, ehedem von drei Bauern in Anspruch genommene Islitzer Mühle; kiloweiser Mehlverkauf. St.-Chrysanth-Sebastian-Kirche aus Bruchsteinen, Sonnenuhr-Unikum (1922) außerhalb von Hinterbichl an der Straße. Serpentin-Steinbrüche am Weg.

Die Johannishütte stellt sowohl ein begehrtes Ausflugsziel dar als auch eine Tourendrehscheibe in höhere Regionen – Defreggental (siehe Tour 38) – und für Übergänge zur Essener & Rostocker Hütte (siehe Tour 39) sowie zur Sajathütte (vorher Wegverhältnisse erfragen! Tel. s. oben).
Ab **Hinterbichl** wandern wir links neben dem in seinen Ursprüngen 400 Jahre alten Gasthof Islitzer 10 Min. auf dem Teersträßchen. Dann

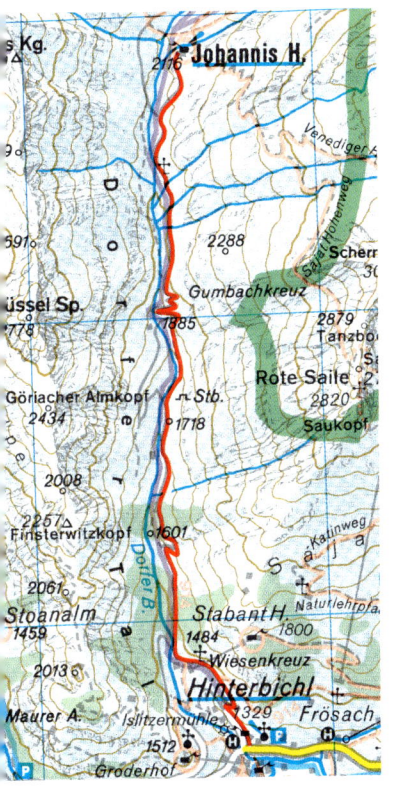

scharf rechts (Wegweiser) und auf breitem Weg bergan. Nach gut 10 Min. vorbei am Wiesenkreuz, 1484 m, und zum **Steinbruch**, 1500 m, der Firma Lauster, wo neben Serpentin (siehe S. 13) auch Prasinit, von den Einheimischen »Dorfergrün« genannt, abgebaut wird. Rechts im Halbkreis (Info-Tafel des im Oktober 2006 für 15 Millionen Euro fertiggestellten Ökostromkraftwerkes Dorfer Bach, Krafthaus am Ortseingang Hinterbichl) um das Werksgelände und rechts haltend ins Dorfer Tal. Dort folgen wir dem Fahrsträßchen, ein Felsbollwerk rechts umgehend. Ungefähr eine ¾ Std. nach dem ersten Steinbruch geht es an der Gabelung links hinab (gerade zum Lauster-Steinbruch, alte Route) zur Brücke über den Dorferbach. Über eine Gegensteigung in langen Kehren auf der 1999 trassierten neuen Straße bergauf. Nach den Hütten des Marfer Alble, 1885 m, auf einer Brücke über eine Klamm. In der nächsten Rechtskehre wendet sich links der abkürzende Pfad zum exponierten **Gumbachkreuz**, 1991 m, aufgestellt von den Wiener Sängerknaben für den »Venedigerpapst« Prof. Dr. Josef Resinger, der mehr als 150 Mal den Großvenediger bestiegen hatte. In knapp 20 Min. zur Ochsnerhütte, 2060 m (Brunnentrog). Abermals überrascht uns eine wilde Klamm. ¼ Std. später treffen wir bei der 1858 privat errichteten, 1876 an die AV-Sektion Prag übergegangenen, 1999/2000 von der Münchner AV-Sektion Oberland mustergültig umgebauten und renovierten **Johannishütte**, ein (Memoriam für den Habsburger Erzherzog Johann von Österreich, 1782–1859, der für den ersten Bau gespendet und sich für die Ersteigung des Großvenedigers engagiert hatte). Im Hintergrund des Hochtals, von links gesehen, Großvenediger (3667 m), Hohes Aderl (3504 m), Rainerhorn (3560 m).
Der Abstieg erfolgt auf dem Anstiegsweg.

38 Defreggerhaus, 2963 m

Zur höchst gelegenen Hütte der Venedigergruppe

Hinterbichl – Johannishütte – Defreggerhaus

Aufstieg zum Defreggerhaus mit Blick auf das Rainerhorn.

Talort und Ausgangspunkt: Hinterbichl, 1331 m, Ortsteil von Prägraten, hinterster Ort im Virgental, an der Mündung des Dorferbachs in die Isel, 17 km von Matrei, Postbusse. Parken gegenüber dem Gasthof Islitzer; Postbusse 2. Juliwoche bis 1. Oktoberwoche.

Gehzeiten: Hinterbichl – Johannishütte 2½ Std., Johannishütte – Defreggerhaus 2½ Std., Defreggerhaus – Hinterbichl 3½–4 Std. Gesamtzeit 8½–9 Std. Etwas kürzer ab Parkplatz Wiesenkreuz (siehe Tour 37). Von Hinterbichl auch Taxi bis Johannishütte; kostenloses Telefon am Gasthof Islitzer in Hinterbichl oder Tel. 0 48 77/53 69.

Höhenunterschied: 1650 m.

Höchster Punkt: Defreggerhaus, 2963 m.

Anforderungen: Unschwierige, markierte und beschilderte Wanderung. Gepäcktransport möglich ab oberhalb der Johannishütte.

Einkehrmöglichkeiten: Johannishütte (siehe Tour 37); Defreggerhaus (ÖTK, Unterkunft, Ende Juni bis Ende September, Winterraum, 12 Lager).

Sehenswertes: Hinterbichl (siehe Tour 37).

Tagesziel Defreggerhaus? Es geht bekanntlich noch höher, nach neuesten Messungen bis 3667 m, auf den Großvenediger, technisch unschwierig in ca. 2¾ Std., allerdings über Gletscher, was diesbezügliche Erfahrung sowie gekonnte Seilsicherung erfordert. Der heutzutage kürzeste Venedigeraufstieg ab dem Defreggerhaus wurde im Jahr 1845 erstmals von Pater Valtiner, Pfarrer zu Prägraten, und Barthelmä Steiner, begangen. Das

1887 durch den Österreichischen Touristen-Klub vollendete, 1995 gründlich umgebaute und modernisierte Schutzhaus ehrt den österreichischen Maler Franz von Defregger (1835–1921), der auch Alpinist war.

Von **Hinterbichl** wie bei Tour 37 zur **Johannishütte**, 2116 m. Daran rechts vorbei, zu Füßen eines 1984 geweihten Gedenkkreuzes zum Holzsteg über den Zettalunitzbach. Nach 5 Min. hält man sich bei den Wegweisern rechts (oder halb links 10 Min. zur Talstation der Materialseilbahn und weiter oben wieder auf die Hüttenroute) und nimmt den bestens markierten Pfad nordöstl. über Fels- und Moränenrücken zunächst an der Grenze des Nationalparks Hohe Tauern. Nordöstl. über dem Zettalunitzkees, der Zunge des größeren Äußeren Mullwitzkeeses, springt die formschöne Weißspitze ins Auge; rechts davon die schrundigen Gastacher Wände. Nach insgesamt ca. 1¾ Std. passiert man rechts einen Tümpel; ein notdürftiger Unterstand gewährt eine Nische. Es folgen etliche Steilkehren, nun bereits im Nationalpark. Links oben die Felszacken des kreuzgeschmückten Mullwitzköpfls. Unsere Route bleibt unter-

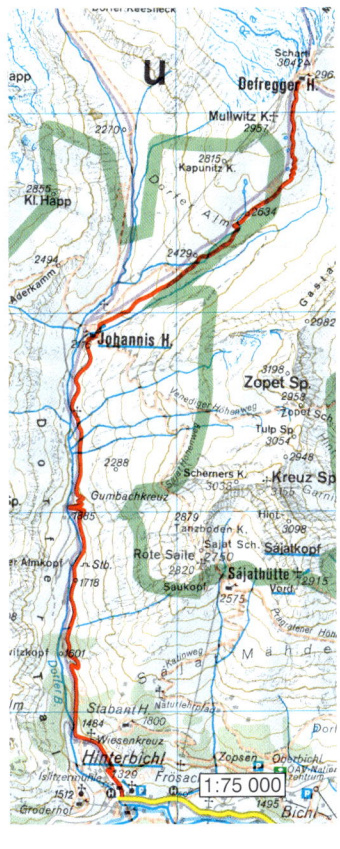

halb des Felsgrats hin zu dem schon seit längerem sichtbaren **Defreggerhaus**. Umfassende Aussicht vom Schartl, 3042 m, am Mullwitz Aderl (Aderl = Felsrücken), knapp ¼ Std. über der Hütte. Die Panoramaschau präsentiert etwa 30 Dreitausender!

Wer auf den Großvenediger steigen möchte, erkundigt sich beim Hüttenwirt Peter Klaunzer über den Zustand des Normalanstiegs vom Rainerkees – Spalten, daher nie ohne Seil! – ins Rainertörl. Von dort ist es noch 1 Std. zu dem 1982 von Prägratener Bergführern errichteten Gipfelkreuz.

Der Abstieg erfolgt auf dem Anstiegsweg.

39 Johannishütte, 2116 m – Essener & Rostocker Hütte, 2208 m

Der gletscherfreie Übergang Türmljoch

Hinterbichl – Johannishütte – Türmljoch – Essener & Rostocker Hütte – Stoanalm – Ströden – Hinterbichl

Talort und Ausgangspunkt: Hinterbichl, 1331 m, hinterster Ort im Virgental, an der Mündung des Dorferbachs in die Isel, 17 km von Matrei. Parken gegenüber dem Gasthof Islitzer. Postbusse 2. Juliwoche bis 1. Oktoberwoche.
Gehzeiten: Hinterbichl – Johannishütte 2½ Std., Johannishütte – Türmljoch 2½ Std., Türmljoch – Essener & Rostocker Hütte 1½ Std., Essener & Rostocker Hütte – Ströden 1¾ Std., Ströden – Hinterbichl 25 Min. Gesamtzeit gut 8¾ Std. Zur Johannishütte auch Taxi, kostenloses Telefon am Gasthof Islitzer oder Tel. 0 48 77/53 69 (Familie Kratzer).
Höhenunterschied: 1470 m.
Höchster Punkt: Türmljoch, 2772 m.
Anforderungen: Trittsicherheit ratsam. Am Türmljoch häufig noch im Sommer Firnfelder. Rot-weiße Markierungen. Klettersteig Türml-Nordgrat: Drahtseile, Eisenbügel, Aufstieg ca. ½ Std.
Einkehrmöglichkeiten: Johannishütte (DAV, Unterkunft, Mitte Juni bis Anfang Oktober); Essener & Rostocker Hütte

Die Essener & Rostocker Hütte.

(DAV, Unterkunft, Ende Juni bis Ende September, Winterraum, 18 Lager); Stoanalm (Jausenstation, Mitte Mai bis Mitte Oktober).
Sehenswertes: Hinterbichl (siehe Tour 37).

Das Türmljoch an der Nationalparkgrenze zählt zu den einsamen Revieren in der südlichen Venedigergruppe. Der Übergang, früher Schweriner Weg genannt, bildet eine Etappe des Venediger-Höhenwegs.
Von **Hinterbichl** wie bei Tour 37 in 2½ Std. durch das Dorfer Tal zur **Johannishütte**, von wo nordwestl. das Türmljoch zu sehen ist. An der Hütte rechts vorbei, unterhalb eines 1984 gesetzten Kreuzes zum Holzsteg über den Zettalunitzbach. Jenseits 5 Min. bergan zu hölzernen Wegweisern. Nach links und den weiß-roten Farbzeichen hinab folgen; auf einer Naturbrücke geht es über die Klamm des Dorferbachs. Gegensteigung! Einen Almgüterfahrweg kreuzen und rechts haltend nordwärts schräg durch den Hang. Ca. ½ Std. später wendet sich der Pfad links, kurz im Zickzack und links haltend um die felsigen Ausläufer des Aderkamms. Nun eine Weile weniger steil

queren und über einen Zufluss des Aderkammbachs. Wir streifen den Nationalpark Hohe Tauern. Streckenweise steil über Schleifen und Kehren durch Mulden in 25 Min. ins **Türmljoch**, 2790 m, benannt nach dem links aufragenden, hellroten Türml, 2845 m. Vom Joch großartige Aussicht! Der Weg senkt sich kehrenreich westl. durch Geröllfelder und über gletschergeschliffene Felsen. Man traversiert in die Südwestflanke des Kleinen Geiger. Nochmals über Kehren gelangen wir in die breite Talwanne zum Schmelzwasser führenden Maurerbach. Am anderen Ufer links knapp ¼ Std. zum Gebäudeduo **Essener & Rostocker Hütte**, die modernst ausgestattet (Blockheizwerk-Biodiesel, Kleinwasserkraftwerk, Kläranlage, Dusche etc.) sind; der Gast wird mit deftiger Regionalküche versorgt. Der weitere Abstieg senkt sich anfangs in langen Kehren, vorbei an einer Hirtenhütte, links über den tosenden Bach, ins Maurertal hinab, die Ochsnerhütte, 1950 m, passierend zur Jausenstation **Stoanalm**, 1450 m. 20 Min. später sind wir beim Bauernhof **Ströden**. Von hier in ½ Std. auf der Straße zurück nach **Hinterbichl**.

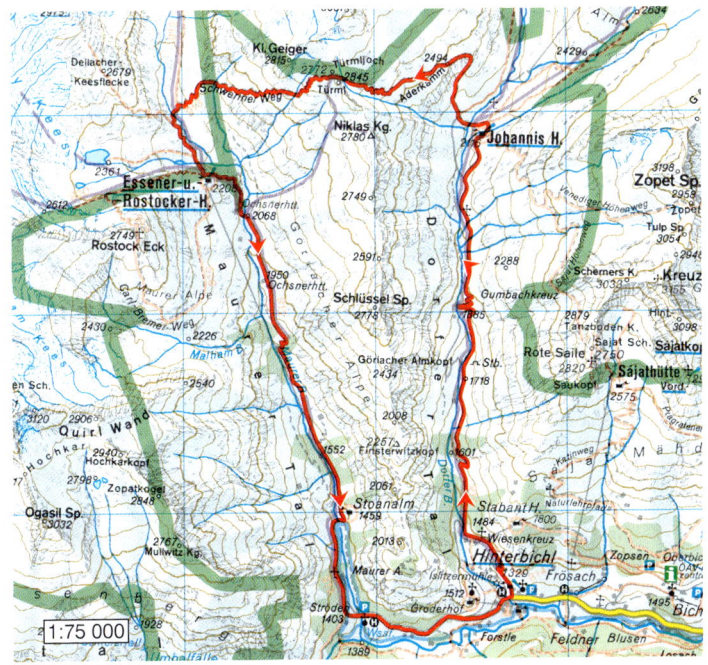

1:75 000

40 Wasserschaupfad Umbalfälle

Naturwunder im Nationalpark

Ströden – Pebellalm – Umbalfälle – Ströden

Talort und Ausgangspunkt: Ströden, 1403 m, Bauernhof und Herz-Jesu-Kapelle im hintersten Virgental am Straßenende, 2 km von Hinterbichl, 19 km von Matrei. Gebührenpflichtige Parkplätze. Postbusse 2. Juliwoche bis 1. Oktoberwoche.
Gehzeiten: Ströden – Islitzeralm ½ Std., Islitzeralm – Schleierfall 40 Min., Schleierfall – Islitzeralm 25 Min., Islitzeralm – Ströden 25 Min. Gesamtzeit gut 2 Std.
Höhenunterschied: 270 m.

Höchster Punkt: 1660 m, am Rückweg.
Anforderungen: Unschwierig. Steiganlage an den Umbalfällen.
Einkehrmöglichkeiten: Die Jausenstationen Islitzeralm und Pebellalm (Mai bis Oktober).
Sehenswertes: Umbalfälle (im Herbst wenig Wasser und unattraktiv, im Frühsommer bis 30fache Abflussmenge). ÖAV-Broschüre für den Schaupfad erhältlich in den Einkehrmöglichkeiten.

Die 14 Haltepunkte des 1976 eröffneten ersten Wasserschaupfades Europas gewähren Einblick in die landschaftsformende Wirkung des Elements, weisen anhand der ÖAV-Broschüre auf Vegetation und Tierwelt hin. Längst behoben sind die Schäden der verheerenden Flutkatastrophe vom 17. Mai 1985, als der Wasserschaupfad neu gestaltet werden musste, was nur mit einer starken Finanzspritze des ÖAV möglich war.

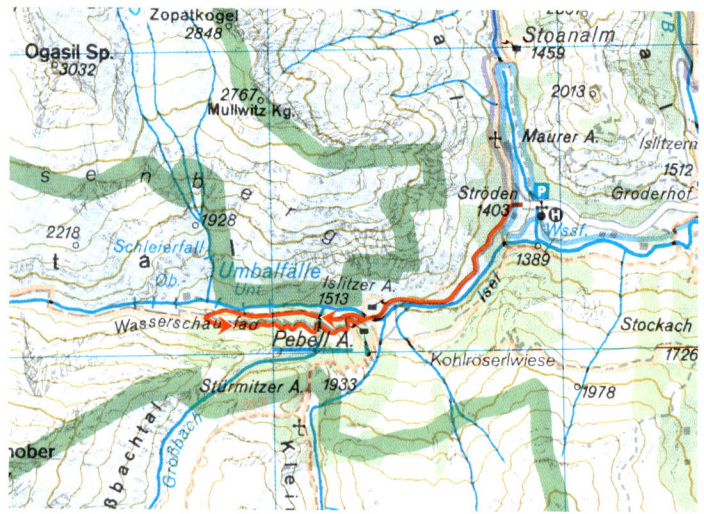

Die junge Isel bei den Umbalfällen.

In **Ströden** von der Kapelle über den Maurerbach, vorbei am Kutschen-standplatz. An der Gabelung geht es links und mäßig bergan. Nach 5 Min. zweigt links der Wasserfallweg (zeitweilig wegen Steinschlaggefahr ge-sperrt!) zur Pebellalm ab. Wir bleiben auf dem kürzeren und bequemeren Kutschenweg. Links folgt eine verwegen in schwindelnder Höhe über dem

Typisch Osttirol: Wilde Wasser und traditionelle Weidewirtschaft.

Wildbach fixierte Aussichtskanzel auf die urgewaltige Isel. Nach der Jausenstation Islitzeralm, 1513 m, überschreiten wir die Isel. Vor der **Pebellalm** erwartet uns rechts der Wasserschaupfad. Auf breitem Weg weiter bergan. Wo dieser sich links wendet, wandern wir geradeaus in die riesige Schlucht mit ihren Stufenfällen. Rechts sind balkonartige Aussichtsplätze in die Klamm vorgeschoben, durch welche sich die tobenden Wassermassen der **Umbalfälle** zwängen. Links mündet der Großbach in Form eines Wasserfalls. Ein Felsblock bietet Unterstand bei Schlechtwetter; Schautafeln informieren über die Besonderheiten.

Bei der ersten Verebnung des Kerbtals, ca. 1650 m, mündet links wieder der Almgüterfahrweg (für die Blinigalm). Mit ihm talein, über eine Steinbrücke und zur Blinigalm. Rast auf paradiesischer Schluchtweitung unterm Schleierfall, die Luft erfüllt vom Tosen der Wassermassen. Der weitere Weg im engen Umbaltal hat die Clara-Hütte zum Ziel (siehe Tour 41). Wir jedoch gehen, etwas bergan, mit dem Fahrweg zurück Richtung **Ströden**. Nach 10 Min. befindet sich links – als würdiger Ausklang der Naturdenkmal-Rundwanderung – an gespaltenem Fels in Schwindel erregender Höhe die Aussichtskanzel Großbachfall.

Rauschend und imposant: die Umbalfälle.

41 Zum Umbalkees

Über die Clara-Hütte zum »ewigen Eis«

Ströden – Wasserschaupfad Umbalfälle – Clara-Hütte – Umbalkees – Ströden

Ausgangspunkt/Parkmöglichkeit: Ströden, 1403 m, Bauernhof und Herz-Jesu-Kapelle im hintersten Virgental am Straßenende, 2 km von Hinterbichl, 19 km von Matrei. Gebührenpflichtige Parkplätze. Postbusse 2. Juli- bis 1. Oktoberwoche.
Gehzeiten: Ströden – Islitzeralm ½ Std., Islitzeralm – Schleierfall 40 Min., Schleierfall – Clara-Hütte knapp 1½ Std., Clara-Hütte – Umbalkees 1¼ Std., Umbalkees – Ströden 3–3¼ Std. Gesamtzeit bis zum Gletschersee 7–7¼ Std.
Höhenunterschied: Rund 1000 m.

Höchster Punkt: Eissee, 2390 m.
Anforderungen: Weitgehend weglos, aber markiert; problematisch bei hohem Wasserstand der Bäche und bei Nebel. Steiler, gletschergeschliffener Plattenfels-Aufschwung; Eisenketten. Dort »Schwarz«.
Einkehrmöglichkeiten: Islitzeralm und Pebellalm (Mai bis Oktober); Clara-Hütte (DAV, Unterkunft, Anfang Juni bis Ende September, Holzkuh für Kinder zum Bemalen und »Melken«).
Sehenswertes: Umbalfälle, Umbaltal.

Der Wasserschaupfad Umbalfälle bringt uns ins hochalpine Umbaltal, entlang der Isel, dem Urfluss von Osttirol. Er entspringt dem Umbalkees und wird von zahlreichen Quellen genährt. Erste Erwähnung des Namens Umbal als »Omail« in einer Tiroler Landesbeschreibung aus dem frühen 17. Jh.

Vom Parkplatz in **Ströden** wie bei Tour 40 in nicht ganz 1¼ Std. über den **Wasserschaupfad Umbalfälle** zur Brücke unter dem Schleierfall. Diesseits über etliche Kehren und

Eissee und Umbalkees, im Hintergrund rechts die Dreiherrenspitze.

durch ein Waldstück weiter ansteigend im grandiosen Kerbtal. Im Sommer zeugt milchig-weißes Wasser, »Gletschermilch«, vom Schmelzen des Umbalkeeses. Ca. ½ Std. später geht es auf einem Steg an das orografisch linke Ufer des wasserreichsten Gletscherbachs auf der Südseite der Hohen Tauern. Wir erreichen die annähernd ebene Sohle des mittleren Umbaltals. Bei der kleinen, steinernen **Ochsnerhütte**, 1933 m, taucht die Rötspitze auf, eisstarrend und gletscherblinkend, scheinbar ans Firmament stoßend. Eines der ganz großen Ostalpenbilder! Beim Hüttchen trennen uns knapp 40 Min. von der Clara-Hütte, vorüber an der Linksabzweigung (Mark.-Nr. 311, über die Daberlenke in ca. 4 Std. zur Neuen Reichenberger Hütte). Unser Ziel bleibt die **Clara-Hütte**, 2038 m. Sie entstand 1872 durch den Prägratener Balthasar Ploner als einfacher Unterstand in sechs Wochen auf Kosten – 548 Gulden – des Pragers Procop Edler von Ratzenbeck zu Ehren seiner Gemahlin Clara. Das einfache Steinhüttchen enthielt »einen Raum mit Herd und 9 Lagerstätten«. Die Namensgeberin schenkte es 1895 der Sektion Prag; 1925/26 ging es als Ruine bzw. als Schenkung an die DAV-Sektion Essen und wurde neuerbaut. Nach ½ Std. überschreitet man auf 2200 m erneut die Isel. Kurz bergan, beim Wegweiser rechts halten (geradeaus – Mark.-Nr. 311 – ginge es zur unbewirtschafteten Philipp-Reuter-Hütte, 1½ Std.) und der Mark.-Nr. 920 anvertrauen. Nach ½ Std. folgt die »Schlüsselstelle«, ein etwa 100 m hoher Steilaufschwung. Hernach mittels Kehren in ¼ Std. in eine sandige Mulde, wo um 1980 noch das **Umbalkees** lagerte und gegenwärtig der kleine Eissee, 2390 m, ruht.
Der Abstieg zurück nach **Ströden** erfolgt auf dem Anstiegsweg bzw. das letzte Stück auf dem Almgüterfahrweg (siehe Tour 40).

42 Neue Reichenberger Hütte, 2586 m

Aus dem Virgental über die Rote Lenke

Ströden – Pebellalm – Rote Lenke – Neue Reichenberger Hütte – Ströden

Talort und Ausgangspunkt: Ströden, 1403 m, Bauernhof und Herz-Jesu-Kapelle im hinteren Virgental am Straßenende, 2 km von Hinterbichl, 19 km von Matrei. Gebührenpflichtige Parkplätze. Postbusse 2. Juli- bis 1. Oktoberwoche.
Gehzeiten: Ströden – Pebellalm ½ Std., Pebellalm – Rote Lenke 2½ Std., Rote Lenke – Neue Reichenberger Hütte ¾ Std., Neue Reichenberger Hütte – Ströden 3¼–3½ Std. Gesamtzeit 7–7¼ Std.
Höhenunterschied: 1400 m.

Höchster Punkt: Rote Lenke, 2794 m.
Anforderungen: Unschwierige Rundtour für Trittsichere. Allerdings muss das Gelände aper sein (vorher erkundigen!).
Einkehrmöglichkeiten: Islitzeralm und Pebellalm (Mai bis Oktober); Neue Reichenberger Hütte (ÖAV, Mitte Juni bis Ende September, Winterraum, AV-Schlüssel); in der Stürmitzeralm zeitweise Getränke.
Sehenswertes: Lage und Umgebung der Hütte sowie umfassende Fernblicke.

Von **Ströden** wie bei Tour 40 zur **Pebellalm**, 1520 m. Vorbei am Streichelzoo den Wegweisern rechts in den Forst folgen. Ansteigend passieren wir nach 25 Min. den Aussichtsplatz Kleinbachfall. Über Kehren in 1¼ Std. zur Stürmitzeralm, 1933 m. An der Gabelung links vorbei am Morawetz-Gedenkstein. Auf felsigem Viehtrieb in den Nationalpark Hohe Tauern und ins anmutige, einsame **Kleinbachtal**. Vorerst orografisch rechts neben dem Kleinbach entlang; wir überschreiten ihn eine ¾ Std. später. Noch im 20. Jh. wurde im Hochtal weißer Asbest abgebaut. In ½ Std. hinauf zum idyllischen Kleinbachboden, 2514 m, dem Treffpunkt von vier Wegen südwestl. der Kriselachspitze. Weiter – identisch mit dem von der Zunigalm kommenden Lasörling-Höhenweg – in Südwestrichtung. Fixpunkt ist die markante, spitze Gösleswand bzw. das links davon eingekerbte »Törl« **Rote Lenke**, 2794 m, welches wir durch ein Hochtal zu Füßen der Finsterkarspitze erreichen. Eine »Mitnahme« der Gösleswand aus der Roten Lenke sollte nur bei trockenem Wetter erfolgen (hin und zurück 1 Std.).
Die Abstiegsspur leitet anfangs durch rötlichen Schutt, dann über Rasenkämme. Wir erreichen den 300 m langen Bödensee. Dann kurz bergauf zur 1926 erstellten, 1981 erweiterten **Neuen Reichenberger Hütte**.
Über eine letzte Gegensteigung 5 Min. nördl. zum Steinmann in der Bachlenke. Der Weg Nr. 313 senkt sich an der vom Bachlenkenkopf herabziehenden Felsrippe ins oberste Großbachtal. Ca. ½ Std. nach der Hütte gelangen wir zum 2002 eingeweihten Steirerkarsteig, 2280 m (östl. die Gösleswand-Westwand). Auf den Hochweiden der welligen Talsohle vorbei am gemauerten Stall und den Hütten der Großbachalm, 2198 m, erreichen wir ¼ Std. später die Stürmitzeralmhütte und gelangen wieder nach **Ströden**.

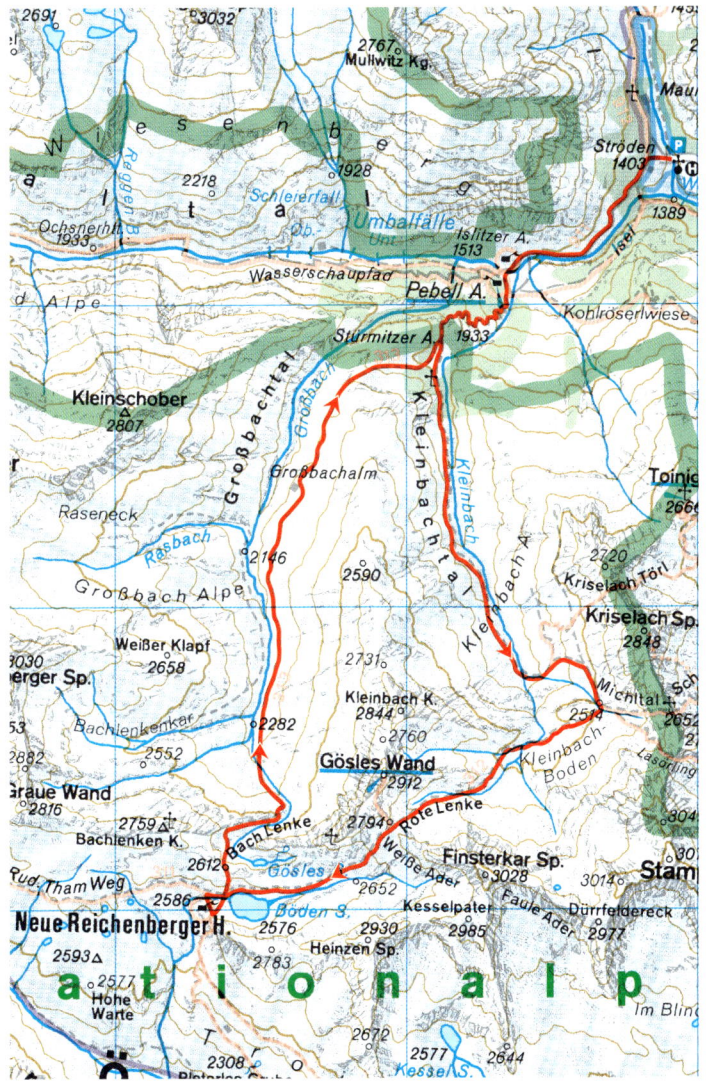

43 Steiner Almen

Jahrhundertealte Bergbauerntradition

Felbertauernstüberl – Stein – Äußere Steiner Alm – Innere Steiner Alm – Felbertauernstüberl

Ausgangspunkt: Felbertauernstüberl, 1070 m, 3 km nördlich von Matrei. Parken schräg gegenüber auf der anderen Straßenseite (Materialseilbahn für Stein); Postbusse.
Gehzeiten: Felbertauernstüberl – Wegegabel Stein 35 Min., Wegegabel Stein – Äußere Steiner Alm 1½ Std., Äußere Steiner Alm – Innere Steiner Alm 50 Min., Innere Steiner Alm – Felbertauernstüberl knapp 1¼ Std. Gesamtzeit knapp 4 Std.
Höhenunterschied: 850 m.
Höchster Punkt: Äußere Steiner Alm, 1914 m.
Anforderungen: Unschwierig. Vor dem Steiner Wasserfall eventuell Steinschlaggefahr! Route beschildert, jedoch punktuell mangelhaft durch den Straßenbau.

Einkehrmöglichkeiten: Äußere und Innerere Steiner Alm, Juni bis Ende September.
Sehenswert: Steiner Wasserfall, 90 m hoch. Bergweiler Stein, bestehend aus drei Bauernhöfen: Hoanzer, Gimpel, Bichler.
Hinweise: Für die Straßenbauarbeiten sind jährlich 600 000 Euro eingeplant; Abschluss 2010 bis Stein. Von dort ist ein Almgüterfahrweg vorgesehen zur Inneren Steiner Alm. Kürzere Gehzeiten: Mit Bstieler Taxi (Tel. 0 48 75/65 01) ab Felbertauernstüberl zur Edelweißwiese, 1930 m. Von dort 40 Min. zur Äußeren Steiner Alm.

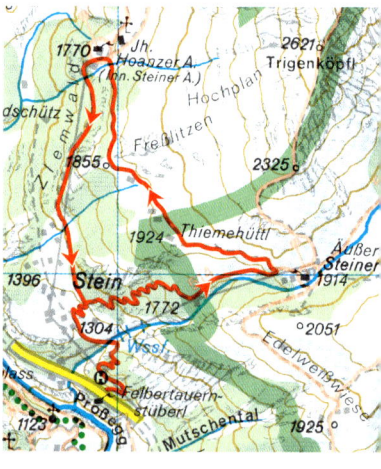

Die Bergbauernkultur in »Stoa« und den Almen, den einstigen Schwaigen, gründet im 13. Jh. Der untere, typische Osttiroler Paarhof (Bichlerhof) in Stein soll restauriert und nach »Ankunft« der Straße für Studienzwecke dienen.
Vom Parkplatz gegenüber dem **Felbertauernstüberl** auf dem 2003 begonnenen Wirtschaftssträßchen ansteigen. Anno 2005 musste die Trasse nach einer Viertelstunde links verlassen und der Wanderweg eingeschlagen werden, in fünf Minuten zur Felsecke (ab hier Straßenbrücke geplant), von wo man erstmals die Gischt sprühenden Kaskaden des **Steiner Wasserfalls** sieht. Eine Tafel erinnert an Carl von Thieme, einen Münchner Versicherungsgeneraldirektor, Besitzer von Schloss Weißenstein in Matrei. Er sponserte 1903 den Wegebau. Auf einem Holzsteg, 1304 m, über den Wasserfall. Gut

Der Steiner Wasserfall am Weg zum Bergweiler Stein.

fünf Minuten später zeigen sich die Höfe von **Stein**, 1333 m. Vor dem Wiesenplan wendet sich der Steig rechts und gabelt sich nach 5 Min. bei einer Bank (Wegweiser). Rechts weiter der Mark.-Nr. 514 folgen. In ca. 1 Std. auf einer »Kehrenarie« über eine steile Geländestufe. Bei einigen Hüttchen, 1773 m, nun schon im Nationalpark Hohe Tauern, wird das Gelände flacher. Über Weiden erreicht man zwischen Bergsturzblöcken beim Steiner Bach die Hütten der **Äußeren Steiner Alm**, 1914 m, auf der rund 100 Stück Vieh der Bauern von Nikolsdorf (südöstl. von Lienz) weiden. Am Westrand der Alm nehmen wir beim Wegweiser rechts die obere Spur. Ein Quellbrunnentrog spendet kühles Wasser. Nach ca. 20 Min. steht links am Rande steiler Schieferabbrüche das hölzerne »Thiemehüttl« (Sommerfrische des erwähnten Förderers). Die Querung fortsetzend geht es abwärts zur kleinen Almsiedlung **Innere Steiner Alm**, 1770 m, von den Einheimischen (und auf manchen Karten) »Hoanzeralm« genannt, weil ehedem ein Hoanz (= Heinz, Heinrich) die Schwaige besaß. Jetzt gilt südl. Richtung. Den Doukbach überschreiten und in leichtem Gefälle durch den Hangwald. Am oberen Saum einer Hangwiese über den Plunbach (Holzgeländer für den Viehtrieb) zur Wegeteilung oberhalb von Stein und auf dem Anstiegsweg zum **Felbertauernstüberl** zurück.

44 Sudetendeutsche Hütte, 2656 m

In die Granatspitzgruppe

Felbertauernstüberl – Äußere Steiner Alm – Sudetendeutsche Hütte – Innere Steiner Alm – Felbertauernstüberl

Ausgangspunkt: Felbertauernstüberl, 1070 m, 3 km nördlich von Matrei linksseitig der Felbertauernstraße, 5 km vor dem Felbertauerntunnel-Südportal. Parken schräg gegenüber auf der anderen Straßenseite (Materialseilbahn für Stein). Postbusse.

Gehzeiten: Felbertauernstüberl – Äußere Steiner Alm knapp 2¼ Std., Äußere Steiner Alm – Sudetendeutsche Hütte knapp 2¼ Std., Sudetendeutsche Hütte – Innere Steiner Alm 3 Std., Innere Steiner Alm – Felbertauernstüberl knapp 1¼ Std. Gesamtzeit 8–8½ Std. Kürzer mit Taxi-Zufahrt bis Edelweißwiese; siehe Tour 43.

Höhenunterschied: 1700 m.
Höchster Punkt: Nussingscharte, 2741 m.
Anforderungen: Unschwierige, markierte und beschilderte Rundwanderung. Bei schlechter Sicht Orientierungsprobleme zwischen Sudetendeutscher Hütte und Kessleralm.
Einkehrmöglichkeiten: Äußere Steiner Alm (auch Unterkunft), Innere Steiner Alm (Hoanzer Alm), jeweils Anfang Juni bis Ende September; Sudetendeutsche Hütte (DAV, Unterkunft, Ende Juni bis Mitte September).
Sehenswertes: Steiner Wasserfall, Steiner Almen (siehe Tour 43).

Blick vom Strumerhof (links) über das Tauerntal zur Felbertauernstraße und zum Weiler Stein auf seiner Hangterrasse. Entlang der Bachkerbe zwischen Nussingkogel (Bildmitte) und Bretterwandspitz (rechts) verläuft der Weg zur Sudetendeutschen Hütte.

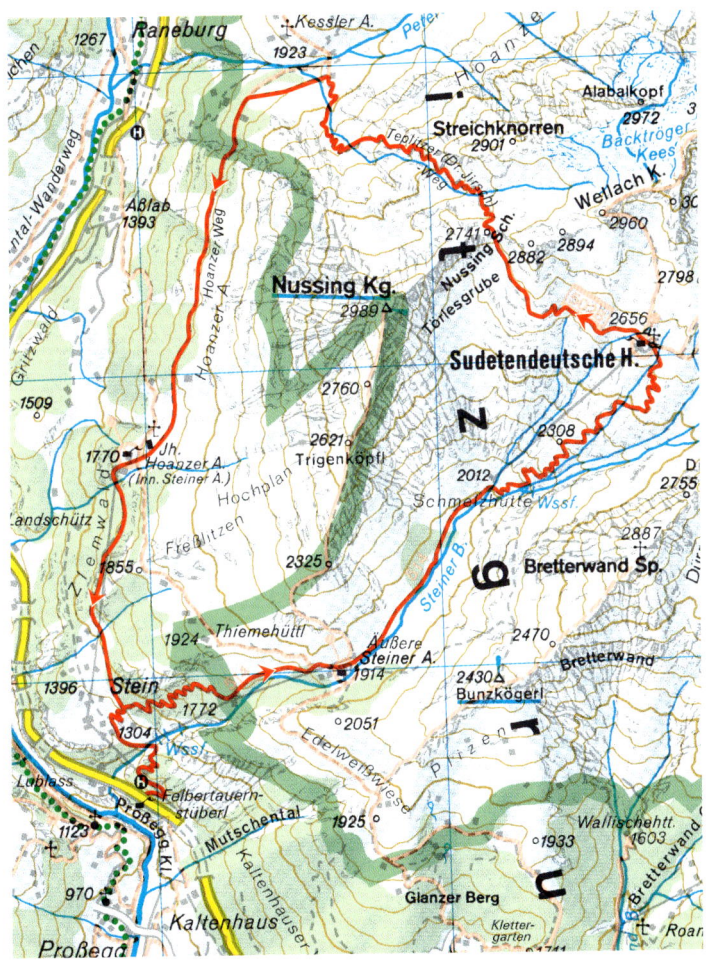

Die Krönung dieser Unternehmung ist für Trittsichere und Schwindelfreie eine Besteigung des Großen Muntanitz, 3232 m, des höchsten Gipfels der Granatspitzgruppe, auf dem Karl-Schöttner-Weg in ca. 3 Std. (aktuelle Verhältnisse, Wechtensituation, beim Hüttenwirt Serafin Reindl erfragen!).

Regen am Rückweg – hier nicht nur nass, sondern auch stimmungsvoll.

Gegenüber dem **Felbertauernstüberl** geht es, wie bei Tour 43 beschrieben, in knapp 2¼ Std. zu den Hütten der **Äußeren Steiner Alm**, 1914 m, von wo bereits die Sudetendeutsche Hütte zu sehen ist. Wir sind im Nationalpark Hohe Tauern und spazieren auf der flachen Sohle des von Gletschern geschürften Trogtals parallel zum Steinerbach in die »Schmelz«, so genannt nach der einstigen Schmelzhütte für das vor rund 400 Jahren abgebaute Eisenerz. Vor der Materialseilbahn-Talstation, 2012 m, gehen wir rechts über einen Bachlauf und über eine »Kehrenorgie« bergan. Links drohen die düsteren Abstürze des Nussingkogels, rechts säumt die kreuztragende Bretterwandspitze das weitläufige Hochtal. Nach 1 Std. wird das Gelände etwas ebener, und wir treffen bei der 1999 zur 70-Jahr-Feier erweiterten **Sudetendeutschen Hütte** ein; ausgezeichnet 2003 mit dem DAV-Umweltgütesiegel. Jetzt nordwestwärts über den Dr.-Karl-Jirsch-Weg weiter. Hinter einem stumpfen Rücken wird die schwach ausgeprägte **Nussingscharte**, 2741 m, sichtbar, zu der wir nach ½ Std. ab der Hütte gelangen (Tafel und Memoriam für Dr. Karl Jirsch und Ing. Lindemann, Obmann bzw. Hüttenwart der DÖAV-Sektion Teplitz, beide 1937 gestorben am Langkofel). Absteigend durch ein Block- und Moränenkar, behält man die Nordwestrichtung und Weg-Nr. 502B bei. Das Gefälle nimmt zu, es geht im Zickzack weiter. Südwestl. glitzert das Fritschnitzkees an Ochsenbug und Göriacher Röte. Eine Hütte, ca. 1930 m, der Kessleralm steht am Weg. Ihr ansehnliches Ensemble liegt jenseits des von Gletschern genährten Petersbachs. Wir verlassen vor dem Bach links den Jirsch-Weg und folgen dem Hoanzer Weg. Der ehemalige Viehtriebsteig bleibt vorläufig über der Waldgrenze an der 1900-m-Marke. Letzte Einkehr eventuell in der **Inneren Steiner Alm**, 1770 m (auch Hoanzer Alm). Zurück zum **Felbertauernstüberl**, wie bei Tour 43 beschrieben.

Matrei in Osttirol. Der verschneite Berg im Hintergrund ist die Kendlspitze (Vordere, 3085 m), eines der alpinen Gipfelziele im Umfeld der Sudetendeutschen Hütte.

45 Badener Hütte, 2608 m

Station am Venediger-Höhenweg

Gruben – Untere Katálalm – Zedlacher Alm – Badener Hütte

Der Ausgangsort Gruben; links dahinter der unterste Abschnitt des Frosnitztals.

Talort/Ausgangspunkt: Gruben, 1164 m, Fraktion von Matrei. Die schmale Zufahrtsstraße (700 m) zweigt 5½ km nördl. von Matrei an der Felbertauernstraße ab; dort Bushaltestelle. In Gruben beschränkter Parkraum, u. a. an der Zufahrtsstraße.
Gehzeiten: Gruben – Höhe Zedlacher Alm 3 Std., Höhe Zedlacher Alm – Badener Hütte 2 Std., Badener Hütte – Gruben 3½–3¾ Std. Gesamtzeit 8½–8¾ Std.
Höhenunterschied: 1450 m.
Höchster Punkt: Badener Hütte, 2608 m.

Anforderungen: Markierte, beschilderte Wege und Steige.
Einkehrmöglichkeiten: Jausenstation Gosserhütte (Zedlacher Alm, privat, Ende Juni bis Mitte September); Badener Hütte (ÖAV, Unterkunft, Anfang Juli bis Mitte September, Winterraum im Nebenhaus ca. 50 m südl. der Hütte, 8–10 Lager).
Sehenswertes: Imposante Schlucht des vorderen Frosnitzbachs. Zedlacher Alm. Hochalpine Position der Badener Hütte und die damit verbundenen Ausblicke.

Eine der eindrucksvollsten Hüttenwanderungen in den Ostalpen – 9 km im Nationalpark Hohe Tauern durch das Frosnitztal hinauf zur Badener Hütte. In **Gruben**, vor dem Erbhof der Familie Ruggenthaler, geht man etliche Schritte links und steigt rechts (westwärts) an. Nach ½ Std. passieren wir an der Frosnitztalpforte das Taleck (originelles Kreuz). Weiter mit dem Almgüterfahrweg im hier fichtenbestandenen Tal. Es folgen einige Kehren. Am Seebach gedenken Tafeln eines Lawinenunglücks. Bei der Gabelung, 1720 m, geradeaus (rechts der wesentlich längere Gaßla-Ansda-Weg bzw. der Große Tauerntreck über die Obere Katálalm zur Badener Hütte). Dann

erreichen wir die nur mehr sommers bewohnte **Untere Katálalm**, 1725 m (Brunnen). Über den Michelbach und weiterhin talein am Hang, streckenweise fast eben in ½ Std. zur **Mitteldorfer Alm**, 1857 m. 10 Min. später liegt jenseits des Bachs auf einem Schwemmkegel des Mailfrosnitzbachs das sich harmonisch in die Landschaft fügende Dutzend bruchsteingemauerter Häuser der **Zedlacher Alm**, 1846 m, mit der **Jausenstation Gosserhütte**. Unsere Wanderung bleibt diesseits des Baches. Erst knapp ¾ Std. später wechselt man in Sichtweite der Ochsnerhütte mit dem Steinsteg, 2070 m, die Ufer. Nun erheblich steiler über die »Achsel« in ½ Std. zum **Achselsee**, 2225 m, von den Einheimischen »Löbbentümpel« genannt. Am See bietet der »Hohle Stein« Unterstand am Fels. Kurz danach übernimmt uns der querverlaufende Venediger-Höhenweg. Rechts, entlang der Stirnmoräne des Frosnitzkeeses. Auf der anderen Talseite dräuen Dabernitzkogel und die beiden Michlspitzen. Wir stoßen auf den rechts mündenden Tauerntreck (Gaßla-Anda-Weg). Hier trennen uns nur mehr 280 Hm vom Ziel, umgerechnet gut eine ¾ Std. auf der Seitenmoräne. Dann haben wir die stattliche **Badener Hütte** mit einer Solaranlage zur Energiegewinnung und obligatorischer Tiroler Fahne erreicht. Für erfahrene Hochgebirgswanderer bietet sich als Zugabe die Kristallwand, 3329 m, in der Gipfelarena um den Großvenediger, an (bez., steile Gipfel-Firnflanke oder rechts im Fels des Südostgrats, I+; von der Hütte 2½ Std.).
Der Abstieg erfolgt auf dem Anstiegsweg.

46 St. Pöltener Hütte, 2481 m

Alpinerlebnis am Felbertauern

Matreier Tauernhaus – Grünsee – St. Pöltener Hütte – Matreier Tauernhaus

Ausgangspunkt/Parkmöglichkeit: Matreier Tauernhaus, 1512 m, im Tal des Gschlößbach (Unterkunft, Mitte Dezember bis Ende Oktober). Die Zufahrt (2½ km) zweigt ca. 2 km vor dem Felbertauerntunnel links ab. Gebührenpflichtiger Parkplatz. Postbusse von Matrei, Lienz (nächster Bahnhof) bis zur Abzweigung der Zufahrt.
Gehzeiten: Matreier Tauernhaus – Venedigerblick 1¼ Std., Venedigerblick – Schwarzsee knapp 1¼ Std., Schwarzsee – St. Pöltener Hütte 1 Std., St. Pöltener Hütte – Matreier Tauernhaus 2 Std. Gesamtzeit 5½ Std.
Höhenunterschied: 1100 m.
Höchster Punkt: Messelingscharte, 2563 m.
Anforderungen: Unschwierige Rundtour, markiert und beschildert. Trittsicherheit notwendig, ca. 40 m drahtseilgesichert. Zwischen Schwarzsee und Messeling-scharte Altschneereste bis in den Frühsommer.
Einkehrmöglichkeit: St. Pöltener Hütte (DAV, Unterkunft, Ende Juni bis Ende September, Winterraum mit AV-Schlüssel); Grünseehütte (ÖAV-Sektion Matrei, geschlossen, rückseitig kleiner Unterstandsraum).
Sehenswertes: Seen und landschaftliches Szenario. Bei der Hütte das 1952 geweihte Tauernkreuz; Bergmesse am letzten Augustsonntag. Glockenturm zur Erinnerung an verunglückte Mitglieder der ÖAV-Sektion St. Pölten.
Wissenswertes: Das Matreier Tauernhaus steht am Platz einer 1448 beurkundeten »gast Swaig« (Gastschwaige) mit 100 Milchschafen und Kühen des Erzstiftes Salzburg, die eine signifikante Station an dem schon 1287 erwähnten Handelsweg Felbertauer darstellte. Bartholomäuskapelle, seit 2001 Gottesdienste.

Von den extremen Witterungsunbilden am Tauern erzählt beim Abstieg das Zirmkreuz (Zirbenkreuz): Im Sommer 1879 starben 300 Rinder und Pferde sowie ihre sechs Treiber bei einem Wettersturz.
Vom **Matreier Tauernhaus** auf dem Fahrsträßchen knapp 5 Min. talein bis zum Anrainer-Parkplatz. Dort wenden wir uns rechts. Hinter dem Zaun nimmt man den Wiesenweg in den Wald. Weiter bergan zum Venedigerblick (1986 m, Reste des im Jahr 2000 von einer Lawine zerstörten Gasthauses). Nun rechts halten; das Gelände wird steiler. Die Spur geht nach 20 Min. in Kehren über bzw. gewinnt eine begrünte Hangstufe und wendet sich rechts. Jetzt flacher entlang dem Messelingbach – jenseits die Grünseehütte – zum **Grünsee**, 2245 m. Bei der Rastbank stoßen wir auf den St.-Pöltener-Ostweg (Mark.-Nr. 502) in Richtung Hütte. Eine »Etage« höher begrüßt uns nach 20 Min. der dunkle **Schwarzsee**, 2344 m, genau über der Felbertauerntunnelröhre. In knapp ½ Std. im Schatten des Messelingkogls zum von Wollgras gepolsterten **Grausee**, 2500 m. Noch 10 Min., und wir stehen nach einigen Kurzkehren beim Wegweiser in der schwach einge-

wölbten Messelingscharte, 2563 m. (Tipp für alpin Geübte: Abstecher links, südl., in 35 Min. auf die Aussichtskuppe Messelingkogl, 2694 m; Kreuz mit Gipfelbuch.) Unsere Wanderung verliert bei der Querung – Nebelstangen – im Hochgasser-Südwesthang etwas an Höhe. In der jenseitigen Flanke sind oftmals Wanderer auf dem Venediger-Höhenweg erkennbar. Die Spur mündet am Kamm in der Senke Alter Tauer, 2493 m. Links Gegensteigung (Drahtseile) und über den Weinbichl, 2545 m, zur 1922 eröffneten, ökologisch vorbildlich ausgestatteten **St. Pöltener Hütte**. Am Rückweg geht es in Steilhang-Falllinie in gut 5 Min. hinunter zur Gabelung (rechts Venediger-Höhenweg) und links Richtung Matreier Tauernhaus ab. Erst weiter unten hält man sich rechts zum Tauernbach hin und steigt an seiner orografisch linken Schluchtseite ab, vorbei am einfachen Zirbenkreuz, 1984 m, und auf einer Zickzackspur zum viel begangenen Talfahrweg oberhalb der Wohlgemuthalm. Link abbiegen und in 10 Min. zum **Matreier Tauernhaus**.

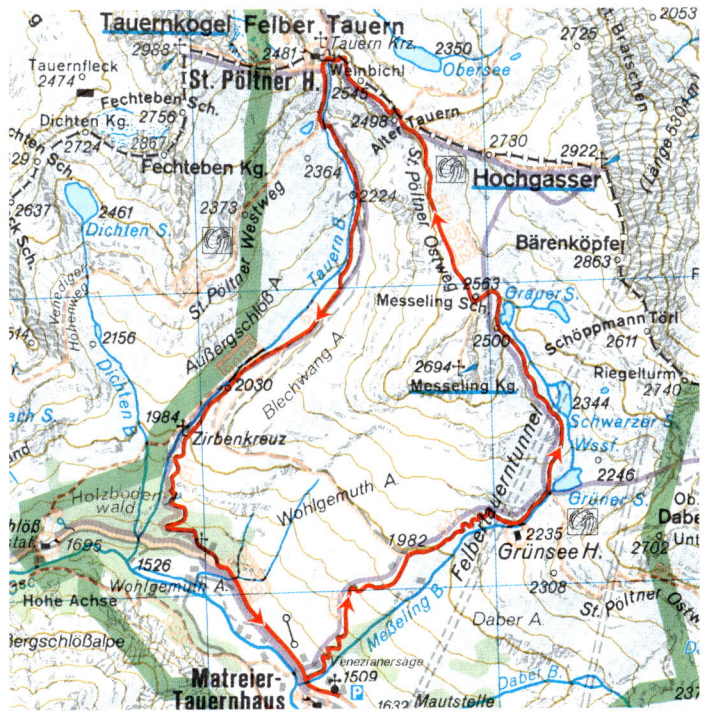

47 Innergschlöß, 1689 m

Osttirols prächtigster Talschluss

Matreier Tauernhaus – Innergschlöß – Felsenkapelle – Außergschlöß – Matreier Tauernhaus

Ausgangspunkt/Parkmöglichkeit: Matreier Tauernhaus, 1512 m, im Tal des Gschlößbachs (Unterkunft, Mitte Dezember bis Ende Oktober). Die Zufahrt (2½ km) zweigt ca. 2 km vor dem Felbertauerntunnel links ab. Gebührenpflichtiger Parkplatz. Postbusse von Matrei, Lienz (nächster Bahnhof) bis zur Abzweigung der Zufahrt.
Gehzeiten: Matreier Tauernhaus – Innergschlöß 1½ Std., Innergschlöß – Außergschlöß 25 Min., Außergeschlöß – Matreier Tauernhaus ½ Std. Gesamtzeit 2½ Std.
Höhenunterschied: 210 m.
Höchster Punkt: Hohe Achse, 1701 m.

Anforderungen: Markierte, beschilderte Wege.
Einkehrmöglichkeiten: Venedigerhaus Innergschlöß (Unterkunft, Pfingsten bis Oktober); Außergschlöß (Jausenstation Einkehr, 4 Doppelbetten, Mai bis Oktober).
Sehenswertes: Die Almsiedlung Innergschlöß. Felsenkapelle, erstes Kirchlein 1688 geweiht, nach Lawinenzerstörung 1870 Neubau in der Höhlung eines von der Weißen Wand herabgestürzten Felsstocks. Kirchtag: Mariä Geburt (8.9.). Das Almdörfchen Außergschlöß.
Wissenswertes: Matreier Tauernhaus (siehe Tour 46).

Vom **Matreier Tauernhaus** läuft man zunächst auf dem Sträßchen taleinwärts. Nach 5 Min. links über die hölzerne **Gschlößbachbrücke**. Am anderen Ufer geht es rechts, ein Stückweit am Bach entlang, dann links zu dem ab Matrei insgesamt 23 km langen **Tauerntal-Wanderweg** (Tour 25). Weiterhin taleinwärts. Die Rechtsabzweigung hinüber zur Wohlgemuthalm bleibt unberücksichtigt. Wenig später führen links Kehren in den Hangwald. Hier rechts und zur **Hohen Achse**, 1701 m, eine Hangnase sowie Scheitelpunkt der Wanderung (Rastbank). Nun geht es hinab, zwischen Bergsturzblöcken hindurch zur hölzernen Gschlößbachbrücke. Am anderen Ufer folgen wir links wieder dem Fahrweg. Er bringt uns nach 10 Min. ins **Inner-**

Die Almsiedlung Innergschlöß mit Venedigergruppe (rechts die Schwarze Wand).

gschlöß, 1699 m – im Talhintergrund das gleißende Weiß des Schlatenkee-ses und, scharf geschnitten, die spitze Schwarze Wand, links davon der Hohe Zaun. Für den Rückweg nehmen wir das Fahrsträßchen. Nach ¼ Std. an der **Felsenkapelle**, 1686 m, vorbei, auch »Gschlößer Kirchl« genannt. Der Gschlößbach ist zur wildromantischen Klamm geworden. Ca. 10 Min. später sprudelt links in den Brunnentrog das **Frauenbrünnl**. Es soll gegen Frauen- und Augenleiden helfen! Kurze Steigung bei den Almhütten von **Außergschlöß**, 1680 m (hier habe Maria laut Legende an einer Quelle die Windeln des Jesuskindleins gewaschen). Hangseitig des Wegs steht die Jausenstation Einkehr. Als nächste Attraktionen folgen die Tauernbrücke und die Wasserfälle des Tauern- und Dichtenbachs, die sich in der Schlucht vereinen. In der Tiefe donnert der Gschlößbach durch die »Hölle«. Das Fahr-sträßchen führt uns oberhalb der Wohlgemuthalm wieder zum **Matreier Tauernhaus**.

48 Innerer Knorrkogel, 2884 m

Traumhafte Aussichtswarte

Innergschlöß – Salzbodensee – Löbbentörl – Innerer Knorrkogel

Ausgangspunkt: Innergschlöß, 1689 m, Almsiedlung auf dem Gschlößboden im Hintergrund des obersten Tauerntals (Nationalpark Hohe Tauern). Entweder vom Matreier Tauernhaus zu Fuß auf breitem Fahrweg (1¼ Std.) oder wie bei Tour 47 in ca. 1½ Std. Pferdekutschen verkehren zwischen 8 und 17 Uhr. Taxidienst 2. Juli bis 3. Septemberwoche ab 9 Uhr stündlich und nach Bedarf, Tel. 0 48 75/88 20. Alpengasthof Venedigerhaus (Unterkunft, Mai bis Oktober).
Gehzeiten: Innergschlöß – »Auge Gottes« 1¾ Std., »Auge Gottes« – Löbbentörl 1¾ Std., Löbbentörl – Innerer Knorrkogel

20 Min., Innerer Knorrkogel – Innergschlöß 3¼–3½ Std. Gesamtzeit 7–7½ Std.
Höhenunterschied: 1200 m.
Höchster Punkt: Innerer Knorrkogel, 2884 m.
Anforderungen: Markierte, beschilderte Wege und Steige. Bei Altschneeresten unangenehm, im Steilgelände gefährlich!
Einkehrmöglichkeit: Innergschlöß.
Sehenswertes: Die Almsiedlung Innergschlöß. In der Jausenstation Venedigerhaus Verkauf von Schrifttum, u. a. des naturkundlichen Führers über den Gletscherweg Innergschlöß.

Das Löbbentörl war für den Wiener Ostalpen-Nacherschließer – mehr als 500 Erstbegehungen – und Führerautor, u. a. im Venediger- und Glocknerraum, Hubert Peterka (1908–1976) »eine der schönsten, sogar gewaltigsten Stellen der östlichen Venedigergruppe«.

Beide Routen, der Gletscherweg Innergschlöß und der Venediger-Höhenweg, sind ab dem Salzbodensee identisch. Wir laufen zunächst
vom **Innergschlöß**, 1689 m, am
orografisch rechten Ufer des begradigten Gschlößbachs 20 Min. taleinwärts. Westl. hoch oben heben
sich am Rücken des Hinteren Kes-
selkopf die Alte und (höher) die
Neue Prager Hütte ab. Links davon
entragt dem Eis die markante
Schwarze Wand. In Höhe der ersten Brücke, 1718 m, beim Felsblock, biegt man links (südl.) ab zur
ersten Station des Gletscherwegs
Innergschlöß – die 10 Gebote für
Bergwanderer. Nun mit Blick auf

*Der Salzbodensee – ein Juwel am Auf-
stieg ins Löbbentörl.*

den Karlesbach-Wasserfall weiter. Bei der Übersichtstafel beginnt am Hang
der steile Anstieg, streckenweise im Zickzack. Ein Stichweg führt rechts an
den tosenden Schlatenbach-Wasserfall. Grünerlengesträuch begleitet den
alten Hirtenpfad. Stellenweise helfen uns Felsstufen und Holztreppen. Den
ersten Glanzpunkt bildet inmitten wiesenüberzogener, 9000 Jahre alter Moränenwälle der **Salzbodensee**, 2137 m. Auf den Salzboden legten Hirte
einst Salzsteine für ihre Ziegen und Schafe. Etwas höher passiert man das
»Auge Gottes«, ein dreieckiges Seelein mit Wollgrasinsel. Wir ignorieren die
Rechtsabzweigung – Stationen 17, 18 – des Gletscherwegs (siehe Tour 49),
steigen geradeaus auf der Moräne an und nähern uns dem blaugrünen Eis,
an das rechts ein beschilderter Stichweg leitet. Das Löbbentörl wird sichtbar. Vor kleinen Gletscherseen – Furcht erregende Blicke in die Hängeglet-
scher der Kristallwand-Nordabstürze – wendet man sich links und steigt
über etliche Kehren weiter (spätestens ab hier ist sogar noch im Sommer
mit Altschnee zu rechnen!) bis hinauf ins **Löbbentörl**, 2770 m, dem »legen-
dären« Aussichtspodest mit Heldenkreuz (Buch) der ÖAV-Sektion Baden
(Regenschutz unter Felsen); nordwestlich ist die Neue Prager Hütte zu erkennen. Jenseits leitet der Badener Weg zur Badener Hütte (1 Std., stellenweise drahtseilgesichert). Rechts schwingt sich der brüchige Nordostgrat
(I+) des Löbbenkopfs, 2898 m, auf, den wiederum ein Grat (II+) mit der
Kristallwand verbindet. Wir steigen aus dem Löbbentörl links (nordöstl.) in
20 Min. auf den **Inneren Knorrkogel**, 2884 m. Das 360-Grad-Panorama ist
perfekt! (Der Übergang zum Äußeren Knorrkogel bietet Kletterei im II.
Schwierigkeitsgrad.)
Der Abstieg erfolgt auf dem Anstiegsweg.

49 Gletscherweg Innergschlöß

Am Schlatenkees des Großvenediger

Innergschlöß – Gletscherweg – »Auge Gottes« – Salzbodensee – Innergschlöß

Ausgangspunkt: Almsiedlung Innergschlöß, 1689 m, auf dem Gschlößboden im Hintergrund des obersten Tauerntals (Nationalpark Hohe Tauern). Entweder zu Fuß vom Matreier Tauernhaus auf dem Talsträßchen (1¼ Std.) oder wie bei Tour 47 in ca. 1½ Std. Pferdekutschen zwischen 8 und 17 Uhr. Taxidienst 2. Juli bis 3. Septemberwoche ab 9 Uhr stündlich und nach Bedarf, Tel. 0 48 75/88 20. Alpengasthof Venedigerhaus (Unterkunft, Pfingsten bis Ende Oktober).

Gehzeiten: Innergschlöß – Gletscherweganfang 2 Std., Gletscherweg – Salzbodensee 50 Min., Salzbodensee – Innergschlöß 80 Min. Gesamtzeit ca. 4¼ Std.

Höhenunterschied: 700 m.

Höchster Punkt: 2250 m, am Gletscherweg.

Anforderungen: Markierte, beschilderte Wege und Steige.

Einkehrmöglichkeit: Innergschlöß.

Sehenswertes: Innergschlöß (siehe Tour 47). Mächtige Eiszunge sowie Gletscherschliffe des unteren Schlatenkees. »Auge Gottes«. Salzbodensee. Schlatenbach-Wasserfall.

Das Begreifen des am 13. August 1978 vom ÖAV-Vorsitzenden Professor Lois Oberwalder eröffneten Gletscherwegs Innergschlöß unterstützt der im Venedigerhaus erhältliche naturkundliche Führer, der detailliert die 24 Beobachtungsstellen beschreibt.

Vom Alpengasthof Venedigerhaus in **Innergschlöß** über die Brücke und am nordseitigen Ufer des begradigten Gschlößbachs auf der Talebene, genannt »Getrete«, einwärts wandern. Westl. hoch oben, am Rücken des Hinteren Kesselkopfs, heben sich Alte und (höher) Neue Prager Hütte ab. Links davon sticht aus dem Eismeer des Schlatenkees die markante Schwarze

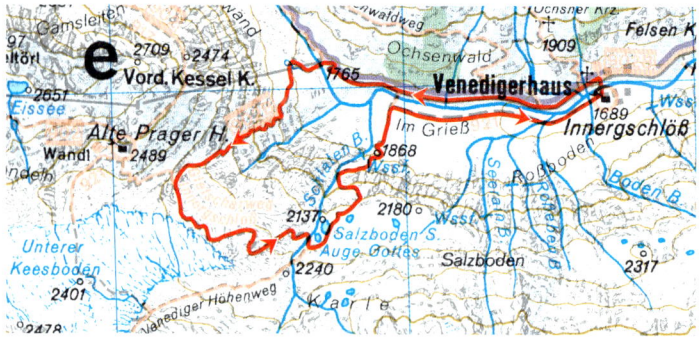

Wand. Im Tal läuft man bis zum Vereinigungspunkt (in grauer Vorzeit) von Viltragenkees (rechts) und Schlatenkees (links). Hier, nach 35 Min., endet der breite Weg. Es geht links weiter (Tafel u. a. »Prager Hütten«).

Auf einem Steg über den Viltragenbach und wiederum links haltend mittels Holzstegen über Wildbäche. Mit Kehren und Serpentinen gewinnt man, über Wiesenhänge und felsdurchsetztes Terrain, an Höhe. Ca. 1¾ Std. nach dem Innergschlöß an der Wegegabel, 2240 m, nicht über die Breitleite in Richtung der sichtbaren Alten Prager Hütte, sondern am Wegweiser links dem **Gletscherweg** folgen. Er senkt sich über eisgehobelte Felsen (rote Farbzeichen, Steinmänner, Station 22) und führt uns an die von Spalten geteilte Zunge des Schlatenkeeses (Station 23), den größten Gletscher am Venediger (im Blickfeld die Neue Prager Hütte).

Vor dem Karlesbach markiert ein mit bronzenen Lettern beschrifteter, hoher Steinmann (Rastbank) die Seitenmoräne des Jahres 1850. Nach ½ Std. Abstieg über eine Gegensteigung in ca. 10 Min. zum **»Auge Gottes«** (Seelein mit Wollgrasinsel), einem Landschaftsjuwel.

Etwas tiefer streifen wir den **Salzbodensee**, 2137 m, inmitten grasüber-

Am Salzbodensee, im Hintergrund Hoher Zaun (links) und Schwarze Wand.

zogener, 9000 Jahre alter Moränenwälle. Hier legten Hirten Salzsteine aus für ihre Ziegen und Schafe. Unterhalb ist der steile, felsige Weg stellenweise durch Holztreppen ausgebaut.

Ca. ½ Std. nach dem Salzbodensee ist man bei der Moräne von 1927. Ein Stichweg führt links zum tosenden Schlatenbach-Wasserfall. Vollends hinunter auf den Talboden. Vor der Brücke geht es rechts und zurück in das **Innergschlöß**.

50 Neue Prager Hütte, 2796 m

Das »Tor zum Großvenediger«

Innergschlöß – Alte Prager Hütte – Neue Prager Hütte

Ausgangspunkt: Innergschlöß, 1689 m, Almdorf auf dem Gschlößboden im Hintergrund des obersten Tauerntals (Nationalpark Hohe Tauern). Entweder zu Fuß vom Matreier Tauernhaus auf dem Talsträßchen (1¼ Std.) oder wie bei Tour 47 in ca. 1½ Std. Pferdekutschen zwischen 8 und 17 Uhr. Taxidienst 2. Juli- bis 3. Septemberwoche ab 9 Uhr stündlich und nach Bedarf, Tel. 0 48 75/88 20. Alpengasthof Venedigerhaus (privat, Unterkunft, Pfingsten bis Oktober).
Gehzeiten: Innergschlöß – Alte Prager Hütte 2½ Std., Alte Prager Hütte – Neue Prager Hütte knapp 1 Std., Neue Prager Hütte – Innergschlöß 2½–2¾ Std. Gesamtzeit ca. 6–6¼ Std.
Höhenunterschied: 1110 m.
Höchster Punkt: Neue Prager Hütte, 2798 m.
Anforderungen: Markierte, beschilderte Wege, Steige; keine Gletscherbegehung.
Einkehrmöglichkeit: Neue Prager Hütte (DAV, Unterkunft, Mitte Juni bis Ende September, Winterraum, 10 Lager).
Sehenswertes: Innergschlöß (siehe Tour 47). Eindrucksvolle Blicke über das Schlatenkees (ca. 9 km²) zum Großvenediger.

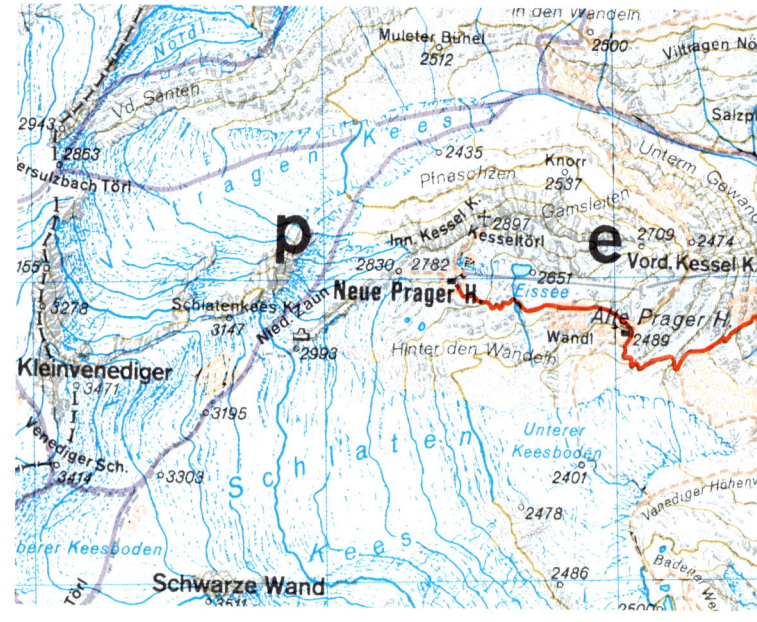

Die Neue Prager Hütte in aussichtsreicher Lage hoch über dem Innergschlöß.

Die Neue Prager Hütte ist im wahren Sinn des Wortes »neu«: 1992 übernahm die Münchner DAV-Sektion Oberland das 1904 von der damaligen DAV-Sektion Prag (ab 1992 Gruppe von »Oberland«) vollendete Schutzhaus. 1997 Installation einer Fotovoltaikanlage samt 1000-kg-Batteriebank; 2002 neue Materialseilbahn (auch für das Personal). Der beispielhafte Stützpunkt wird bewirtschaftet von Elisabeth und Bernd Kreh aus Bayern.

Ab dem **Innergschlöß** vom Alpengasthof Venedigerhaus bzw. am nordseitigen Ufer des Gschlößbachs talein. Im Westen zeichnen sich hoch oben am Rücken des Hinteren Kesselkopfs die Alte und (höher) die Neue Prager Hütte ab. Nach 35 Min. ab Innergschlöß, wo sich einst Viltragen- und Schlatenkees vereinten und der breite Weg (Materialseilbahn-Talstation) endet, geht es links auf einem Steg über den Viltragenbach und weiter über Wildbäche. Ansteigend in Kehren und Serpentinen über Rasenhänge und felsdurchsetztes Terrain im Südosthang des Vorderen Kesselkopfs hoch. Bei der Wegegabelung, 2240 m, ca. 1¾ Std. nach dem Innergschlöß (Blick auf das Schlatenkees) wenden wir uns halb rechts, während der Gletscherweg halb links verläuft (siehe Tour 49). Steil und im Zickzack weiter über die blumenreiche Breitleite zur **Alten Prager Hütte**, 2489 m (1873 entstanden, damals umflossen vom Schlatenkees, 1877 Lawinenzerstörung, Neubau im gleichen Jahr; Renovierung geplant). Weiter mit dem AV-Weg Nr. 902. Nach 25 Min. überschreiten wir in einer Bachmulde, »Loch« genannt, den Abfluss des rechts oben liegenden, nicht sichtbaren Eissees, und erreichen ½ Std. später die **Neue Prager Hütte**. (Für erfahrene Hochalpinisten mit zweckdienlicher Kleidung und Ausrüstung bietet sich als Zugabe der Großvenediger, 3667 m, an; Gletschertour, zum Gipfel 3½ Std.).

Der Abstieg erfolgt auf dem Anstiegsweg.

Bei der Neuen Prager Hütte: Die ersten Sonnenstrahlen erreichen das Schlatenkees; darüber erheben sich Kristallwand, Hoher Zaun und Schwarze Wand (von links).

Mit Bergführer auch für Alpinwanderer erreichbar: der Großvenediger (Bild oben).

Stichwortverzeichnis